Conserver la couverture

1897

LA QUESTION DE L'HÔPITAL

OBSERVATIONS SUR LE RAPPORT DU Citoyen TREICH

0f 10c

Pourquoi cette brochure ?

Certains la croiront peut-être inutile. A quoi bon, diront-ils, prétendre éclairer des gens qui veulent fermer les yeux? Les auteurs du projet de laïcisation ont leur parti pris d'avance et ne cherchent point à s'instruire. Les droits de la justice leur sont aussi indifférents que les intérêts de la ville.

Non, cet exposé sincère de la situation ne sera pas inutile, car il s'adresse au peuple.

C'est de son arbitrage que dépendent, en dernier ressort, les questions de ce genre. C'est lui, du moins, qui doit juger un jour ceux qui vont en décider demain.

Or, dans les rangs du peuple, s'il est quelques sectaires haineux, sans justice et sans loyauté, il y a surtout, et dans tous les partis, des hommes sincères et honnêtes, désireux de savoir la vérité et de juger en connaissance de cause.

Puisque le peuple est juge, dans cette affaire où il est d'ailleurs le premier intéressé, nous voulons lui mettre en mains les pièces du procès, afin qu'il puisse voir de quel côté se trouvent la raison et le bon droit.

A la veille du jour où l'on veut chasser indignement de l'hôpital celles qui, depuis 250 ans, s'y dévouent sans réserve et sans aucun intérêt humain, au soulagement de la misère et de la douleur du peuple, il importe que le peuple de Limoges soit à même de comprendre quelle infamie on voudrait commettre en son nom.

Nous dédions ces pages à tous les citoyens honnêtes.

Jean LIMOSIN.

L'HOPITAL DE LIMOGES

Les premiers hôpitaux de Limoges
La vieille charité limousine

Ce serait une erreur de croire que l'assistance publique n'a été organisée qu'en notre temps. Les documents historiques prouvent que les pauvres et les malades étaient, dès les premiers siècles de notre ère, secourus avec une grande charité.

A Limoges, les hôpitaux étaient nombreux. Le plus ancien, l'Hôpital Saint-Martial, sur l'emplacement duquel fut plus tard construite la *Monnaie*, aurait été fondé, d'après une tradition, par Junius Silanus, en expiation du meurtre de sa fiancée, sainte Valérie. Il devait recevoir trois cents pauvres. Au XIIIe siècle, les moines de saint Martial consacrèrent à sa restauration la somme de *cinq mille sous*, énorme pour ce temps-là. Les pèlerins qui venaient s'agenouiller devant les reliques de saint Martial laissaient aux pauvres malades des marques de leur générosité.

Dans divers quartiers de la ville, nombre de petits établissements étaient répartis, avec leurs attributions, leurs privilèges, leurs malades.

Au XIe siècle, Gérald-Hector de Cher construisit l'Hôpital Saint-Gérald en dehors de l'enceinte fortifiée de la ville.

Il y avait encore l'aumônerie de Notre-Dame des Arènes, la maladrerie de la Maison-Dieu, la léproserie Saint-Jacques et enfin les Hospices de Saint-Maurice, d'Aigoulène et de Vieille-Monnaie.

Telle était la réputation de charité de notre ville que les malheureux se disaient les uns aux autres sur les routes : « Allez à Limoges, vous n'y manquerez de rien. »

En 1563, il y eut une extraordinaire cherté de vivres. « Sans l'aide des gens de bien, disent nos annales, et aussi de quelques bonnes dames qui donnèrent une grande partie de leurs bagues, joyaux et autres choses, plusieurs malheureux fussent morts de faim..... Ce qui se bailla en sept ou huit mois pour l'amour et l'honneur de Dieu aux pauvres, selon la commune opinion, montait à plus de vingt-cinq ou trente mille livres. » C'était plus de cent mille francs de notre monnaie.

En 1614, des pauvres étaient venus en grand nombre de la Marche et du Périgord, chassés de chez eux par la famine. Les habitants se les partagèrent; chaque famille eut les siens. Deux mille malheureux furent ainsi hébergés et nourris pendant trois mois consécutifs.

Quelques années plus tard, le 8 décembre 1632, les consuls, réunis à l'hôtel de ville, décidaient « que tous les pauvres recevraient chaque semaine une quantité de pain suffisante à leur nourriture, que les malades seraient admis dans les hôpitaux et qu'on donnerait aux mendiants étrangers un subside pour retourner chez eux. »

Réforme des institutions hospitalières — Fondation de la congrégation de Saint-Alexis

Au commencement du XVIIe siècle (1), les ressources des divers hôpitaux de Limoges avaient diminué; leurs constructions menaçaient ruine. Une réforme du régime hospitalier et la répression de la mendicité s'imposaient.

Pendant qu'on en discutait théoriquement les moyens, une pieuse fille, Hélène Mercier, était allée s'installer à l'hospice Saint-Gérald pour s'y dévouer au service des pauvres. Son frère, Pierre Mercier, un saint prêtre, était venu l'y rejoindre et pourvoyait à leurs besoins religieux. Quelques années après, en 1648, Marie de Petiot, quoique malade et presque paralytique, se fit aussi à Saint-Gérald la servante volontaire des pauvres.

Le 26 octobre 1657, Hélène Mercier et Marie de Petiot prirent ensemble l'habit religieux. Peu de temps après, une cousine de celle-ci, Anne Descordes de Gry, veuve de M. de la Planche, vint aussi sacrifier aux malades sa jeunesse et sa fortune.

---

(1) Consulter l'ouvrage de M. Pierre Laforêt, *Limoges au XVIIe siècle*.

Ainsi commencèrent les religieuses hospitalières de Saint-Alexis. Le 5 février 1659 elles s'installaient dans leur humble maison, et le 16 août 1659 une ordonnance de l'évêque de Limoges, François de La Fayette, les érigeait en congrégation.

Martial de Maledent organise à Limoges l'Assistance publique

Il y avait alors à Limoges un jeune prêtre, Martial de Maledent de Savignac, qui consacrait à toutes les œuvres généreuses son temps et ses biens. En 1657 il avait été nommé administrateur de l'hôpital Saint-Gérald où sa cousine, Marie de Petiot, se dévouait au soin des malades. Pour être plus près de ses administrés, il avait fait bâtir, à côté de l'hospice, une petite maison à son usage.

Avec un zèle éclairé et intelligent, il se mit à étudier l'organisation des services hospitaliers et la réglementation de la charité.

L'édit de Colbert sur la mendicité venait d'être promulgué. Notre compatriote, Nicolas de La Reynie, intendant de la police, en dirigeait l'application à Paris. Limoges fut une des premières villes de France à suivre l'exemple de la capitale et l'initiative en vint de Martial de Maledent. Il provoqua une assemblée de ville qui se tint le 4 novembre 1657.

La réunion fut nombreuse. Martial de Maledent y parla avec force de la mauvaise organisation de l'assistance publique. « C'est une iniquité de laisser la fainéantise et le vice dévorer la substance des pauvres. » Il proposa d'appliquer à Limoges les principes de l'édit de 1656, et de transformer l'hôpital Saint-Gérald en hôpital général en lui attribuant les revenus de tous les autres hospices ainsi supprimés.

On peut contester la nécessité de cette centralisation excessive. Peut-être eût-il été plus sage de conserver au moins deux des huit hôpitaux que comptait alors Limoges. Il est du moins certain qu'une organisation nouvelle s'imposait et que Martial de Maledent s'en fit l'artisan généreux.

L'assemblée accepta son avis et on décida de faire une quête à domicile pour la fondation de l'hôpital général.

Mais les esprits étaient mal préparés encore. Beaucoup tenaient sans doute aux anciens hôpitaux. L'œuvre nouvelle semblait incertaine. Les Limousins se montrèrent peu généreux : la quête ne produisit que *soixante-quatorze livres*.

Martial de Maledent donna alors *quatre mille livres* de sa bourse et offrit ses biens en garantie des sommes qui seraient déposées. En même temps il continuait de faire connaître son projet. Son généreux exemple et ses instances entraînèrent l'opinion. Une nouvelle quête produisit *quatorze mille livres* et de nombreux dons en nature furent proposés.

Construction de l'hôpital général — L'assemblée de ville du 15 mai 1659

Les travaux commencèrent sans retard ; ils étaient déjà avancés au printemps de 1659 quand Martial de Maledent demanda une nouvelle assemblée de ville pour le 15 mai.

Le 15 mai 1659 fut donc tenue cette assemblée des consuls, bourgeois et habitants, dans la grande salle de la maison commune, rue du Consulat. On rappela la décision prise d'ériger un hôpital général afin de loger les pauvres mendiants « et de leur procurer de l'occu-
» pation et la nourriture, et aussi afin de faire cesser l'oisiveté et
» l'ignorance, source de tous les désordres qu'on a reconnus en
» leur vie. »

» Cette délibération, autorisée par tous les ordres de la ville, a
» été exécutée avec diligence par messieurs les administrateurs et
» le concours favorable des bons habitants, lesquels, après avoir
» conçu ce pieux dessein, ont donné moyen de l'exécuter par leurs
» charités ; de telle sorte qu'on voit un beau et grand corps de logis,
» proche de sa perfection, composé de cinq grandes salles capables
» de loger commodément deux cent cinquante pauvres, outre
» l'ancien bâtiment qui peut en loger autant environ.

» Mais parce qu'il est nécessaire de pourvoir à l'instruction et au
» service des pauvres en même temps qu'à leur nourriture, la
» même Providence, qui a fourni la nourriture et le logement, a ins-
» piré des personnes pour leur procurer le bien spirituel des pauvres.
» Ce sont des ecclésiastiques très pieux, de qui le zèle est mieux
» connu que le nom, lesquels offrent de s'employer charitablement
» à instruire les pauvres, pourvu qu'on leur veuille accorder, ainsi
» qu'il est requis et proposé par M. de Savignac, premier mobile

» de ce grand dessein, la place qui leur pourra être nécessaire près
» l'hôpital.

» M. de Savignac offre pareillement, pour le service des pauvres,
» des filles très bien intentionnées, excitées à ce charitable emploi
» par le zèle et l'exemple de Mlle de Petiot, qui s'engagent à bâtir à
» leurs frais et dépens dans l'étendue qui leur sera accordée près
» l'hôpital.

» Sur l'affaire mise en délibération, il a été résolu d'une commune
» voix de poursuivre, au nom des habitants, les lettres patentes
» nécessaires.

» A été également résolu, sur la demande de M. de Savignac,
» d'accorder aux ecclésiastiques qui s'offrent pour l'instruction des
» pauvres une place suffisante pour y bâtir à leurs frais un logement.

» A été aussi arrêté d'accepter le service offert par les filles qui
» veulent se dévouer aux pauvres et de leur accorder la place
» requise en leur nom par Mlle de Petiot aux fins de bâtir une mai-
» son à leurs frais et dépens. »

Signé en l'original : J. DARGENTEAU, *prévôt consul*; CROUZEIL, *consul*; PAIGNON, *procureur du roy*; NICOLAS, *lieutenant général*; LEMOY-DESCORDES, *scribe commis de la maison de ville de Limoges*.

Quelle part Martial de Maledent prit à cette fondation et quelles conditions furent faites aux religieuses de Saint-Alexis.

On remarquera le fait et les termes de cette délibération. Administrateur de l'hôpital Saint-Gérald, Martial de Maledent de Savignac avait eu l'initiative et la direction de l'assemblée de ville du 4 novembre 1657 ; il avait, le premier, proposé la fondation de l'hôpital général ; le premier il versait une somme de quatre mille livres, considérable pour l'époque ; il offrait ses biens en garantie ; par son exemple et par ses paroles il entraînait ses concitoyens et rendait possible l'exécution de son charitable projet ; il dirigeait les constructions et provoquait, le 15 mai 1659, la nouvelle assemblée de ville dont nous venons de donner le procès-verbal. Il était bien, selon les termes de la délibération, *le premier mobile de ce grand dessein*, non seulement de l'organisation des secours spirituels, mais de la fondation même de l'hôpital.

On évalue à trois ou quatre cent mille livres la fortune qu'il dépensa en bonnes œuvres, et surtout pour l'hôpital et le séminaire, « *s'employant*, disait-il en souriant, *à loger les amis de Dieu sur la terre, afin qu'à leur tour les amis de Dieu le logeassent dans le ciel.* »

Quant aux religieuses de Saint-Alexis, la ville de Limoges acceptait leurs services. Elles demandaient seulement la permission de servir les pauvres à **leurs propres coûts et dépens**. Elles fourniront des soins **absolument gratuits** et leur communauté ne recevra aucune rémunération de l'hospice ni de la commune.

Zèle et charité des religieuses — Témoignages qui leur sont rendus par l'administration

Dès les premières années de leur charitable ministère, Marie de Petiot, Hélène Mercier et ses compagnes furent considérées comme des bienfaitrices insignes de la ville et du pays. C'étaient, dit la délibération des habitants de Limoges du 15 mai 1659, des filles très bien intentionnées, excitées à leur charitable emploi par le zèle et l'exemple de Mlle de Petiot.

Lorsque les ressources manquaient à l'hôpital, l'humble religieuse, à demi-infirme, s'imposait la dure obligation d'aller elle-même, appuyée sur les bras d'une de ses Filles, solliciter, de maison en maison, la charité publique. Les aumônes abondaient, mais les humiliations abondaient aussi. Ce qu'elle éprouva de rebuts, dit Labiche de Reignefort, Celui-là seul le sait qui lui donnait la force de les affronter.

Le zèle et l'exemple de Marie de Petiot imprimèrent à la communauté de Saint-Alexis une générosité et un dévouement qui se retrouvent à travers les années aussi visibles qu'au premier jour.

Tous les documents en font foi. Les lettres patentes de 1672, qui les reconnaissaient comme « établies à Limoges pour le service de l'hôpital général de cette ville », furent confirmées en 1754.

« L'établissement des Religieuses hospitalières de Limoges, dit l'arrêt du Parlement, est d'une nature bien différente de celle des autres communautés. Elles se sont fondées *de leur propre pécule*, en achetant un emplacement de terrain pour y construire une communauté. Elles peuvent quitter et vendre cet emplacement quand bon leur semblera, **mais elles sont trop attachées au soulagement des pauvres de l'hôpital pour ne pas être toujours**

animées d'un zèle pur de les secourir dans toutes leurs infirmités. Elles ont lieu d'attendre qu'on conservera leur état et leurs propriétés. »

Le 15 septembre 1790, « par reconnaissance et en témoignage des services que les Dames religieuses de la communauté de Saint-Alexis de cette ville ont rendus et rendent tous les jours gratuitement aux pauvres de l'hôpital, l'administration a, par délibération, arrêté qu'il serait fait annuellement et à perpétuité un service pour lesdites Dames religieuses défuntes, le lendemain de saint Alexis, dans la chapelle de l'hôpital de Saint-Alexis, en la manière accoutumée ».

L'hôpital et les sœurs de Saint-Alexis pendant la Révolution — Leur pauvreté — Leur dévouement.

Pendant la période révolutionnaire, les Sœurs continuèrent à s'occuper des malades. M. Gioste établit d'une façon qui nous semble péremptoire qu'elles n'ont pas dû quitter, même temporairement, l'hôpital. La Révolution, qui se prétendait protectrice des faibles, s'empressa de dissiper les biens des pauvres. L'hôpital fut ruiné. Les Sœurs étaient réduites à la plus grande détresse.

L'administration atteste, le 30 vendémiaire an V (31 octobre 1796), « qu'elles ne possèdent qu'une maison et deux jardins, que leurs familles et des amis de l'humanité ont été obligés de leur donner depuis 1790 des secours pour subsister, que l'administration a été nombre de fois témoin de leur grande détresse, mais qu'elle n'a pu y porter le moindre soulagement.

» L'administration peut affirmer que le plus grand nombre d'entre elles sont occupées sans relâche au service des pauvres, que leur zèle et leur activité ne se sont jamais ralentis un seul instant, et qu'un amour si nécessaire et si précieux pour l'humanité sollicite vivement en leur faveur. Le bureau pense pu'il est de toute justice qu'on leur accorde des secours prompts pour qu'elles puissent continuer leur service. »

Les religieuses ont donc partagé, pendant la Révolution, le sort de l'hôpital. « Pauvres et réduites à la dernière extrémité, dit M. Gioste, elles n'ont jamais cessé de prodiguer gratuitement leurs soins aux pauvres.. »

Misère croissante sous l'Empire — Les pauvres hospitalisés vont demander du pain à saint Martial — Charité du peuple de Limoges.

En 1807, Napoléon Ier convoquait à Paris, pour le 27 novembre, un chapitre général de toutes les congrégations charitables de France. La Supérieure de Saint-Alexis y figura « d'une manière très avantageuse » et reçut une médaille commémorative de cette réunion.

Le 4 octobre 1809, le Ministre des Cultes présentait à l'Empereur un rapport pour obtenir l'approbation de la congrégation de Saint-Alexis.

« Ces Sœurs, dit-il, dans les circonstances les plus pénibles, et même pendant les orages de la Révolution, sont toujours restées dans leur maison et dans les hospices où elles ont prodigué, comme à l'ordinaire, les soins les plus assidus aux malades pauvres et tous les autres genres de charité que leur état leur impose. »

Sous l'empire, la guerre était venue accroître les misères de la Révolution. « On en arriva à un point qu'il ne restait plus que quelques setiers de farine, sans argent ni crédit pour en acheter, car il courait un bruit que l'hospice allait faire banqueroute. Après avoir inutilement sollicité des secours, l'administration se vit, en 1810, dans la triste nécessité d'ouvrir les portes de l'hôpital aux malheureux et de les envoyer en ville chercher leur subsistance comme ils pourraient.

» Les sœurs, comme de tendres mères, pleuraient déjà le malheur de leurs enfants, lorsque Sœur Saint-Jérôme de Clerval eut l'idée de conduire ces malheureux prier saint Martial. Les habitants, les voyant passer, demandaient ce que c'était, et, sur la réponse que les pauvres de l'hôpital allaient à saint Martial pour lui demander du pain, tous les cœurs furent attendris. On donna de l'argent, du pain. Les marchandes d'herbes et de légumes se privaient de grand cœur, au profit de ces misérables, d'une partie de ce qu'elles avaient apporté avec tant de peine au marché. On fit ensuite une quête qui rapporta 2.000 livres et le gouvernement envoya un secours. »

C'étaient les Sœurs qui avaient su émouvoir la charité publique et sauver une fois de plus l'hôpital.

Eloges décernés à la congrégation de St-Alexis, de 1830 à nos jours

Les administrateurs de l'hôpital portaient ce témoignage, au préfet, en 1834 : « Depuis leur fondation, les dames de Saint-Alexis ont toujours desservi l'hôpital de Limoges et l'ont toujours desservi non seulement gratuitement, mais encore en consacrant souvent à son amélioration ou à son embellissement une partie de leurs revenus propres. »

La commission administrative de l'hôpital de Bourbon-Vendée (La Roche-sur-Yon), votait unanimement en 1840 de confier cet hôpital aux religieuses de Saint-Alexis, « connaissant la bonne tenue des maisons que cette congrégation dirige ». Les sœurs ne purent se rendre à ce désir qui n'en est pas moins flatteur pour l'hôpital de Limoges.

Une autre demande était faite en 1844 pour l'asile des aliénés, par le préfet de la Haute-Vienne. « Le zèle et le dévouement des religieuses de Saint-Alexis pour tous les genres d'infortunes lui faisait désirer de leur confier le service de cet établissement ».

En 1852, sœur Saint-Martin fondait, de ses deniers, à la Croix-Mandonnaud, l'asile de Nazareth pour les orphelines.

En 1857, le maire de Limoges, dans un acte public, reconnaissait « les services que la communauté de Saint-Alexis a rendus et rend tous les jours à l'hospice ».

En 1862, les administrateurs, faisant le compte rendu moral et financier de l'année, s'exprimaient ainsi :

« La commission ne saurait assez louer le zèle rempli d'abnégation avec lequel Mesdames les Sœurs de Saint-Alexis accomplissent les prescriptions médicales et surveillent les détails du service. Ces sœurs, par obéissance aux règles de leur congrégation, consacrent d'une manière complètement gratuite leur intelligence et leur travail au service des malades et incurables de l'hospice de Limoges. **Il serait superflu d'insister sur les avantages que les pauvres et l'établissement retirent de ce concours charitable et dévoué.** »

En 1892, Sœur Saint-Charles recevait la médaille d'or de la Société d'encouragement au bien.

Ces quelques témoignages rendus à diverses époques par ceux qui ont pu voir de près les services rendus par les sœurs de l'hôpital, nous semblent plus éloquents que de longs discours.

Nous invitons les Limousins à les méditer.

LES PROJETS DE LAÏCISATION

Premières escarmouches — Panégyrique de Mlle Hébrard

Dans le *Rappel du Centre* du 10 mai, à la veille du scrutin de ballottage pour les élections municipales, M. Treich écrivait un long article sur la question de l'hôpital. Après avoir dépeint l'anarchie qui régnait dans la salle Sainte-Elisabeth, il faisait, en un style plus enthousiaste que correct, l'éloge de sœur Saint-Pierre, des sœurs de Saint-Alexis :

« Intelligente comme pas une d'elles, ayant fait des études terminées par de brillants examens (1), elle comprit, dès qu'elle fut en contact avec les chirurgiens, les devoirs importants qu'elle avait à remplir près des docteurs et de ses malades. Ecouter la clinique, s'instruire par des questions posées aux chirurgiens, observer beaucoup la façon d'opérer, de panser des docteurs, étudier à fond l'antisepsie pour être en même de préparer d'une façon irréprochable le matériel d'opération, fut sa première préoccupation en prenant le service de chirurgie en 1871 (2). Aimer ses malades, les égayer, leur parler de ce qui peut les intéresser, les consoler, leur procrer mille petits plaisirs, voilà ce qu'elle n'a cessé de faire depuis bientôt 7 ans. Les malades l'aiment toutes comme on pourra en juger. Sorties de l'hôpital, sa sollicitude et son affection les suit ; elles reviennent la voir, lui raconter leurs peines et leurs joies ; elles sont toujours bien reçues. »

---

(1) Mlle Hébrard a fait certainement de bonnes études puisqu'elle a été élevée au pensionnat de la Providence. Quant à ses examens, elle a obtenu, comme beaucoup de jeunes filles, son brevet élémentaire, mais elle a échoué au brevet supérieur.

(2) Cette date donnée par le *Rappel* est inexacte. Il faut lire, sans doute, 1891.

M. Treich traçait ainsi le portrait de la sœur hospitalière, que sœur Saint-Pierre n'est pas seule, Dieu merci, à avoir réalisé. Il ajoutait enfin ce dernier mérite, qui n'était certes pas le moindre à ses yeux : dans la querelle entre les docteurs Raymond et Chénieux, Mlle Hébrard avait pris parti très ouvertement pour M. le docteur Raymond.

« Horrificque » tentative d'enlèvement — Dix religieuses « acharnées » contre une porte

Suivait un tableau dramatique :

« Dix religieuses, ayant en tête la supérieure, montaient dans un silence tel qu'on ne les aurait entendues, si ce n'eût été le cliquetis des médailles de leurs chapelets qu'elles tenaient toutes à la main... Elles se sont acharnées contre la porte pour l'ouvrir et enlever la sœur. Les infirmières sont descendues précipitamment et se sont mises à pleurer. Les malades qui pouvaient se lever (au nombre de 7), n'ont fait qu'un bond de leur lit et sont accourues à la suite des infirmières. Les autres (au nombre de 9), étendues sur leurs lits, n'ont pu qu'entendre et voir toutes ces sœurs qui, avec un air farouche, les regardaient en passant devant la salle. »

Et c'est ainsi qu'échoua la tentative « d'enlèvement » dont fut victime Mlle Hébrard.

M. Treich raconta cela le plus sérieusement du monde. C'était la veille du scrutin et il fallait, par des images hardies, frapper l'opinion publique et sauver M. le docteur Raymond, encore retenu dans les limbes du ballottage.

Réponse de M. le Dr Chénieux — Scandales et abus

M. le docteur Chénieux répondit dans le *Petit Centre* du 10 mai :

« Oui, il y a scandale, à l'hôpital, et depuis longtemps.

» Les faits signalés par vous, Monsieur Treich, ne sont que de minces incidents sur lesquels vous insistez un peu trop pour détourner l'attention.

» Le scandale, c'est de voir votre protégée, sœur Saint-Pierre, que je suis obligé, à mon grand regret, de mettre en scène, puisque vous-même soulevez les voiles, se livrer à des abus inqualifiables.

» Je l'accuse d'avoir pesé sur l'esprit de quelques malades pour leur faire quitter mon service et entrer dans celui de M. Raymond; d'avoir traité mes malades avec une partialité révoltante, distribuant à sa fantaisie les aliments et les médicaments; de s'être comportée d'une façon indigne, je ne dis pas seulement d'une religieuse, mais d'une personne ayant quelque sentiment d'humanité, en organisant systématiquement un vacarme effroyable autour de la *salle d'isolement* où reposait une pauvre femme qui venait de subir une opération grave; je l'accuse d'avoir fermé la porte pendant la nuit à la sœur qui venait soigner cette malheureuse, la livrant ainsi seule et abandonnée à ses souffrances et à ses angoisses et la mettant dans l'impossibilité de recevoir des soins pour les besoins les plus impérieux; je l'accuse, chose moins grave assurément, d'avoir tenu à mon égard des propos impertinents, entendus par les élèves de M. Raymond et par M. Raymond lui-même, propos niés par Mme l'ex-sœur Saint-Pierre. »

» Voilà les faits principaux, et j'abrège, qui ont provoqué les incidents si longuement racontés par vous. »

M. Treich avait raconté à sa manière comment une malade, expulsée de l'hôpital, y avait été réintégrée par M. le docteur Chénieux, malgré la sœur Saint-Pierre.

« Votre correspondant ne dit pas tout, répond M. Chénieux. Il aurait dû ajouter que la malade en question a été provoquée par la sœur; que la sœur l'a qualifiée d'un nom grossier qui lui a valu une riposte énergique et non moins salée, accompagnée d'un commentaire.

» La sœur était dans son tort, j'ai protégé ma malade et l'ai fait réintégrer dans mon service malgré M. Treich. Cela est vrai.

» Cette femme n'était pas malade, dites-vous. C'est vainement qu'elle se plaignait. C'est pour cela sans doute que, possédé de la furie opératoire, je l'ai opérée devant tous les élèves de mon service et devant M. le Directeur du service de santé du XIIe corps, dont j'atteste ici le témoignage et l'autorité. Oui, j'ai fait cela et le ferai encore, car il y a quelque chose de supérieur à toutes les administrations, fussent-elles représentées par M. Treich et inspirées par M. Raymond, c'est le droit inviolable des malades et des malheureux, que je soutiendrai toujours. »

Les étudiants en médecine : Leur protestation du 9 mai; leur lettre du 12 mai sur les scandales de l'hôpital.

Les étudiants en médecine envoyaient au *Petit Centre*, le même jour, 9 mai, la protestation suivante : « Les étudiants en médecine de l'Ecole de Limoges, reunis en assemblée, écartant toute question politique, affirment que les allégations et explications avancées par M. Treich, au sujet des incidents de l'hôpital civil, ne sont qu'un tissu de mensonges et de calomnies. »

Le mardi 12 mai, les étudiants publiaient dans le même journal la note suivante :

« M. Treich sait fort bien que le conflit de l'hôpital a été provoqué par l'ex-sœur Saint-Pierre, dans un but que seule elle connaît — avec M. Raymond toutefois, s'il faut s'en rapporter aux conciliabules qui ont lieu chaque matin et chaque soir dans la chambre de ladite sœur.

» Assurément, elle est toute de dévouement, cette bonne sœur Saint-Pierre ; mais nous croyons pouvoir affirmer que ce dévouement, qui se manifeste follement ces jours-ci où elle voit son règne près de finir, n'a rien de désintéressé, et par conséquent rien de louable.

» Que penserez-vous d'une sœur qui a provoqué tous les ans des discussions entre l'administration et les internes jusqu'à obliger ceux-ci à abandonner leur service, — qui calomnie les étudiants et M. Chénieux lui-même à la barbe de M. Raymond, qui sourit agréablement, — qui traite les malades de M. Chénieux avec une partialité révoltante, qui les prive de nourriture (les preuves sont faciles à fournir), — qui n'a pas craint de rendre responsable d'un accident pénible le personnel tout entier du service de clinique chirurgicale, et de mettre en doute devant les malades la compétence du chef de service ?

» Il est vrai que « intelligente comme pas une, ayant fait des études terminées par de brillants examens », ses vastes connaissances médicales lui permettaient de remplacer en maintes occasions le chef de service et de distribuer, à tort et à travers, morphine, cocaïne, caféine, etc.

» Que penserez-vous enfin d'une sœur qui, dès que la dernière malade de M. Chénieux a quitté l'ancienne salle, inaugure une sarabande, un chahut, pourrait-on dire, et empêche de dormir les malades de médecine couchées au-dessous ?

» Mais il est impossible de raconter tous les incidents qui ont accompagné les vexations sans nombre, les provocations indignes dont le docteur Chénieux a été l'objet.

» N'a-t-on pas été jusqu'à lui supprimer tout moyen d'opérer un jour qu'il avait plu à M. Raymond d'opérer, lui, dans la salle d'isolement, où se trouvait déjà une malade de M. Chénieux, ce qui est formellement interdit par le règlement. Pas d'infirmières : le service de M. Raymond en occupait sept. Pas d'instruments.

» Assurément elle est intelligente, l'ex-sœur Saint-Pierre, mais vraiment elle fait payer cela trop cher à ceux qui ne veulent pas reconnaître sa supériorité. Il ne se passait pas de jour sans que quelqu'un eût à se plaindre d'elle et de la façon la plus vive, si bien que l'administration se déclarait impuissante et renonçait à la maintenir à son rang.

» Quant à l'humanité, elle a vraiment en elle un bien mauvais défenseur ; et la doucheuse et le charpentier, vieux serviteurs qui n'avaient que le tort d'ouvrir les yeux, pourraient en dire long là-dessus maintenant qu'elle les a fait priver de leurs moyens d'existence.

» Du reste, c'est beaucoup s'appesantir sur une question qui n'aurait dû jamais atteindre de telles proportions s'il n'y avait eu d'intérêts trop directs et trop intimes à ménager.

» Quant à nous, étudiants fréquentant l'hôpital et ayant assisté à toutes les péripéties de l'affaire, — tout aussi bien que M. Pfrimmer, — nous déclarons que nous n'avons jamais accepté de voir notre sympathique directeur forcé de céder le pas à une religieuse qui, de l'avis même de M. Treich, ne doit être considérée que comme surveillante. Nous nous sommes trop bien rendu compte de ce qui se passait et M. Raymond a pu s'en apercevoir à l'École.

» Et nous n'accepterons pas davantage qu'on compare notre conduite à l'hôpital avec celle de cette femme qui n'a jamais été qu'une cause de désordre et de discorde.

» D'ailleurs, la sœur Saint-Pierre a été relevée de ses vœux et cette décision n'a certes pas été prise sans des raisons sérieuses.

» Quant à la pétition obtenue des malades, la façon dont cette surveillante s'est conduite jusqu'ici avec elles laisse supposer qu'elle a dû l'être à de tristes conditions.

» Pas de politique, la vérité vraie. »

M. Treich plaisante — Réponse de Mlle Hébrard; sa lettre aux administrateurs — Commentaires fantaisistes de M. Treich — Riposte des étudiants.

Le journal de M. Treich estima que ces observations étaient des commérages de portières. Plaisanter n'est pas répondre, et le *Rappel* eut tort de railler les concierges au témoignage desquels il devait faire appel quelques semaines plus tard.

Mlle Hébrard répondit par une longue lettre aux administrateurs de l'hôpital. Le *Rappel du Centre* du 15 mai la publiait. L'ex-sœur Saint-Pierre se plaignait des difficultés qu'elle avait eues, sans dire, bien entendu, que ces difficultés venaient d'elle-même. On l'avait « laissée seule se débrouiller dans une situation impossible », du 18 mars au 13 avril, date de la séparation des services Raymond et Chénieux. Puis, à peine a-t-elle réorganisé le service du Dr Raymond « à force d'activité et de travail » que, le 24 avril, à 1 heure après-midi, elle reçoit de la supérieure « l'ordre de quitter son service et de venir, le soir même, occuper une *cellule* à la communauté ». Mlle Hébrard souligne le mot cellule. Il n'a cependant rien d'extraordinaire. On appelle ainsi les chambres où logent les religieuses, chambres très simples et sans luxe, mais qui ne sont pas cependant des prisons.

« On devait, continue Mlle Hébrard, me placer de là à la pharmacie. » Elle en appelle alors à M. Raymond qui écrit, séance tenante, à la supérieure une lettre comminatoire. Mlle Hébrard refuse d'obéir. « Sa conscience et son cœur » le lui interdisaient. Son orgueil aussi sans doute. Elle invoque les compliments que lui ont faits maintes fois MM. les administrateurs. En effet, on l'a toujours trop admirée et vantée.

Mlle Hébrard conclut en « donnant sa démission volontaire du service de chirurgie ». Elle se déclare du reste opposée à la laïcisation de l'hôpital.

« Si j'ai « péché » en mettant trop de zèle à soigner mes malades, c'était en vue, précisément, d' « empêcher » la laïcisation, voulant prouver que les religieuses sont à même, aussi bien que les laïques et mieux (puisqu'elles n'ont pas les préoccupations de la famille), de suivre les progrès de la chirurgie et d'en faire profiter les malades. »

L'aveu est précieux à retenir.

Il est vrai qu'elle ajoute : « Pour accepter de se mettre à la tête d'un service d'hôpital dans l'état où est celui de l'hôpital de Limoges, il faudrait être folle, ou bien avoir un président d'administration, et il n'y en a pas. »

Mlle Hébrard aurait-elle voulu par là se réserver l'esperance, un peu folle peut-être, de rentrer un jour à l'hôpital ?

M. Treich ajoutait à cette lettre des commentaires de haute fantaisie. Il accusait le Conseil d'administration d'avoir abandonné Mlle Hébrard, après l'avoir félicitée publiquement.

Les administrateurs félicitaient la sœur Saint-Pierre quand elle faisait son service en bonne infirmière. Ils ont dû évidemment « l'abandonner » du jour où elle a cherché à mettre la révolution et le trouble dans l'hôpital.

Quant à cette victime « sans défense », il n'est pas inutile de remarquer qu'on a subi longtemps ses agissements sans que son nom ait été imprimé dans un journal. C'est M. Treich qui a ouvert le feu dans le *Rappel* du 10 mai. On n'a fait depuis que lui répondre.

Les étudiants en médecine répondirent dans le *Petit Centre* du 19 mai :

« M. Treich parle de désordre à l'hôpital ? qui l'y a porté si ce n'est l'ex-sœur Saint-Pierre, M. le Dr Raymond et M. Treich ?...

» Vous le dites, il est temps que tout rentre dans l'ordre. Il est temps que le président de la commission soit véritablement président, que la supérieure soit maîtresse de sa communauté, qu'une sœur soit une surveillante et que M. Treich soit un homme modeste. »

Au conseil municipal — Comment M. le docteur Raymond prétend « faire la lumière » — Sans défense! — Blâme à M. le docteur Chénieux.

Le jeudi 21 mai, séance du Conseil municipal. Nomination des commissions. MM. Dussoubs et Treich sont maintenus dans leurs fonctions de délégués à l'hôpital. Après les incidents récents, cette nomination paraît étrange à M. Chénieux.

M. Treich prend la parole. Il remercie ses collègues de « lui avoir continué leur confiance », il se plaint des étudiants et demande quelles mesures le directeur de l'École compte prendre contre eux. M. Chénieux répond qu'il a toujours invité les étudiants au calme et à la modération et qu'il a tout fait pour maîtriser l'indignation que les procédés inquisitoriaux et vexatoires de M. Treich leur avaient inspirée.

M. le Dr Raymond « vient à son tour faire la lumière », il déplore l'introduction de la politique à l'hôpital, oubliant qu'il n'en est pas innocent, et « termine en flétrissant énergiquement ceux qui calomnient une femme qu'ils savent sans défense ». Nous avons fait remarquer que Mlle Hébrard n'a manqué ni de défense ni de défenseurs.

La majorité socialiste vote un blâme à M. le Dr Chénieux. MM. Raymond et Paradis s'abstiennent. MM. Paradis, Nicolas, Teisonnière, Hummel, Plaud, Peccioli, Coussy, Frugier, Marrot votent même la démission de M. Chénieux, mais leur proposition est rejetée par 12 voix et 10 abstentions.

Séance du Conseil municipal du 26 Juin 1896 — M. Treich propose la laïcisation de l'hôpital — Une commission « ad hoc ».

A la séance du conseil municipal du 26 juin, M. Treich déposa une proposition où il demandait : 1o le vote du principe de la laïcisation de l'hôpital général ; 2o la nomination d'une commission chargée de préparer l'expulsion des sœurs de Saint-Alexis.

On nomma une commission composée de sept membres : MM. Beaulieu, Calais, Dussoubs, Pfrimmer, Dr Raymond, Teissonnière et Treich.

Quelle était, dans l'opinion populaire, la valeur des membres de cette commission ?

MM. Dussoubs et Teissonnière étant propriétaires, leur avis ne pouvait avoir une grande valeur. Comme céramiste, M. Calais ne devait pas avoir fait des observations médicales et hospitalières très approfondies. M. Pfrimmer était bien « de la partie », mais il n'avait pas encore, disait-on, achevé ses études. Enfin M. Beaulieu était manifestement trop jeune ; ni sa compétence ni son expérience ne pouvait lui donner une voix prépondérante.

C'était donc à M. le Dr Raymond et à M. Treich que devait revenir la responsabilité des décisions prises. Vraisemblablement leurs collègues opineraient du bonnet et marcheraient derrière eux comme un seul homme.

Les incohérences de M. le Dr Raymond

Or, à Limoges, tout le monde affirmait que M. le Dr Raymond était un adversaire déclaré de la laïcisation. En effet, par qui M. le Dr Raymond faisait-il soigner ses malades, les malades qu'il opérait lui-même, en dehors de l'hôpital ? **Par des religieuses,** les sœurs de l'Espérance.

Il semblait de toute évidence que si M. le Dr Raymond tenait à avoir des religieuses pour soigner ses malades riches ou aisés, à plus forte raison devait-il exiger leurs soins pour les malades pauvres de l'hôpital.

C'était juste, raisonnable et logique.

En agissant autrement, M. le Dr Raymond s'exposait à faire dire que sa clientèle bourgeoise lui était plus chère que les pauvres ouvriers hospitalisés.

Mais allez donc parler de logique, de raison et de justice à un homme irrité ! et l'irritation de M. le Dr Raymond était grande. D'abord, il s'était fait le champion d'une femme « sans défense » Mlle Hébrard, en religion sœur Saint-Pierre. Comme Mlle Hébrard quittait l'hôpital et la congrégation de Saint-Alexis, M. le Dr Raymond voulait la venger des sœurs de Saint-Alexis en laïcisant l'hôpital. C'est peut-être chevaleresque, mais on ne voit pas très bien comment tout un service hospitalier doit être désorganisé, nos finances obérées, des religieuses mises à la porte contre tout droit, la santé et la vie de nos malades compromises, parce que Mlle Hébrard a bien voulu changer sa guimpe et son voile pour un chapeau et un mantelet.

Une autre raison devait rendre M. le Dr Raymond partisan du renvoi des sœurs : M. le Dr Chénieux y était opposé. Et chacun sait qu'en toute occasion, si M. le Dr Chénieux est *pour*, M. le Dr Raymond est invariablement *contre*.

M. le Dr Raymond a donc offert au public limousin ce spectacle original d'un prétendu ami du peuple se souciant fort peu des malades pauvres pourvu que ses malades riches soient bien soignés.

M. Treich à l'hôpital — Un homme important — Vieille romance — Timide réponse à des arguments pas très forts.

M. Treich était depuis plusieurs mois délégué de la municipalité au conseil d'administration de l'hôpital. Il y passait une partie de son temps, visitant les salles, interrogeant les malades, décidant à tort et à travers : un hanneton dans un tambour. Le plus clair résultat de cette bruyante inspection a été une désorganisation à peu près complète de notre service hospitalier. Tout le monde le reconnaît et les malades s'en plaignent. On fume partout, en dépit des règlements, on crie, on chante, sans pitié pour les malades. Tel est le bon plaisir de M. Treich.

Le 26 juin, M. Treich déposa donc sur le bureau du conseil municipal sa proposition de laïcisation de l'hôpital.

Le premier de ses arguments était que ladite laïcisation avait été demandée, en 1885, par l'honorable M. Boyron, alors rapporteur du budget de l'hospice.

Voyons, M. Treich, ce n'est pas très habile de votre part. Car, en somme, vous semblez dire : « Cette machine-là, vous savez, je ne l'ai pas trouvée tout seul. C'est une vieille guitare inventée depuis 15 ans et plus. Boyron en a joué en 1885 avec la grâce dont il est coutumier. On y revint en 1889 et depuis. Que voulez-vous ! il faut bien que je joue à mon tour *l'air connu.* ».

D'abord, si une proposition est restée pendant 15 ans à l'état de lettre morte, vous trouvez, vous, que c'est une raison péremptoire pour s'en faire le chevalier ? Moi pas. Il me semble tout au contraire que si on a vécu 15 ans sans elle, son caractère d'urgence ne doit pas être très démontré.

Ah ! Monsieur, si vous deviez vous faire le Terre-Neuve de toutes les propositions lancées par vos honorables prédécesseurs, ballottées par les vents contraires et englouties dans les flots ne notre Vienne, toutes les sociétés de sauvetage réunies n'auraient pas assez de médailles pour vous décorer. Songez donc à tout ce qui peut passer de conceptions, projets et combinaisons, sensés ou saugrenus, pratiques et irréalisables, sous trois douzaines de cerveaux municipaux, en 15 ans ! N'accorderiez-vous que deux idées par an à chacun de nos édiles — ce qui ne semble pas exagéré, —

vous auriez au total 1080 propositions possibles. Tirez-vous de là.

« Bientôt, continuait M. Treich, la commission administrative de l'hôpital va être appelée à organiser les services de l'asile du Sablard. Cet asile sera laïque ; donc l'hôpital doit être laïcisé pour qu'il y ait unité de direction et d'action. »

On pourrait vous répondre, d'abord, M. le conseiller, que si vous comptez créer au Sablard un asile laïque, ce n'est pas ce que vous ferez de mieux ; et peut-être un jour serons-nous heureux d'y appeler les religieuses. Les sœurs de Saint-Alexis ou les Petites Sœurs des Pauvres ont fait leurs preuves et elles ne coûtent rien aux contribuables...

Mais la prétendue unité de direction et d'action, c'est, permettez-moi de vous le dire, une agréable plaisanterie.

Il y a des gens qui ont plusieurs emplois, qui s'occupent de choses diverses, qui commandent ici et là. Ne peuvent-ils avoir cependant une direction une ? Prenez garde. On pourrait trouver à ce compte que, vous occupant à la fois de l'hôpital et des syndicats, vous devez faire de la mauvaise besogne. Et vous croyez que l'administration de l'hôpital ne saurait pas diriger deux maisons placées à une demi-lieue l'une de l'autre s'il y avait dans la première des religieuses et dans la seconde des infirmières laïques ? Voilà qui ne serait pas flatteur pour l'administration où vous avez l'honneur d'être délégué.

Où l'argumentation de M. Treich devient un peu plus spécieuse sans être plus forte

« Est-il nécessaire, poursuivait M. Treich, de fournir de nouveaux arguments pour cette transformation ? Un seul suffira, et c'est celui-ci : Un personnel religieux est un personnel sur lequel la commission administrative n'a qu'une autorité relative ; car tout ce qui appartient à la religion catholique place le pouvoir spirituel au-dessus du pouvoir temporel. Or, il suffit qu'une décision de la commission administrative ne plaise pas à l'autorité ecclésiastique pour qu'immédiatement et malgré les ordres des administrateurs, cette décision ne soit pas exécutée. »

Il y a dans votre argument, Monsieur, un principe, et il semble y avoir l'annonce de faits graves et significatifs. Nous discuterons plus tard les faits. Quant au principe, vous posez en axiome que la religion catholique plaçant le pouvoir spirituel au-dessus du pouvoir temporel, les catholiques sont forcément insoumis à une administration civile, et que des religieuses, par conséquent, ne subiront jamais qu'imparfaitement une autorité séculière.

Il est vrai que les catholiques placent l'âme au-dessus du corps, le droit au-dessus de la force, la liberté morale au-dessus de la brutale tyrannie. Mais quand une autorité est légitime et juste, les catholiques sont les premiers à s'y soumettre.

Vous voyez que, même en théorie, la commission administrative n'a point à craindre l'insubordination des religieuses.

Quelques considérations qui ont bien leur importance

Je prétends même, Monsieur, que jamais administration d'hôpital ne trouvera d'infirmières supérieures aux religieuses. Vous allez le comprendre.

Les religieuses s'engagent solennellement à pratiquer, pendant toute leur vie, la pauvreté, la chasteté, l'obéissance, la charité et l'oubli d'elles-mêmes.

Elles travaillent *gratuitement*. Trouvez-moi donc des infirmières qui ne vous coûteront rien.

Elles n'ont pas de famille : leur vraie famille, ce sont leurs malades. Elles se dévouent à eux comme une mère à ses enfants.

Elles obéissent du matin au soir ; elles sont disciplinées, régulières comme des soldats.

Elles se consacrent à leurs malades sans crainte des épidémies et des contagions.

Non, là, vraiment, vous vous êtes enferré. Pas d'erreur possible. C'est tout à fait cela, seulement c'est juste le contraire.

Qui a inventé et fondé les hôpitaux depuis 1800 ans ? des religieuses et des religieux.

Quels ont été les meilleurs infirmiers, les meilleurs ambulanciers ? Des religieux et des religieuses.

Où va-t-on se faire soigner, à Paris, pour des opérations délicates ? chez des religieux, les Frères de Saint-Jean de Dieu. Demandez à un libre-penseur, M. Sarcey.

Qui appelle-t-on pour fonder une clinique bien organisée ? Des religieuses. Demandez à votre ami le docteur Raymond.

Vous semblez dire que le pouvoir civil n'a pas lieu d'être satisfait des religieuses. Veuillez vous reporter aux témoignages de satisfaction données pendant 250 ans aux Sœurs de Saint-Alexis. Nous en avons cité plus haut quelques-uns.

Où l'on fait entrevoir à M. Treich la possibilité d'un arrangement à l'amiable — Le « laïc-Treich-hôpital. »

Encore un mot, M. Treich. Nous avons à Limoges un hôpital fondé par des catholiques, avec leur argent, et desservi gratuitement depuis deux siècles et demi par des religieuses. Nous, catholiques, nous voulons maintenir dans cet hôpital ces religieuses parce qu'il nous plaît d'être soignés par elles.

Vous, vous réclamez des soins laïques.

Je vous dis donc, sans ironie et tout naturellement :

« Cher Monsieur, si notre maison ne vous convient pas, bâtissez-en une autre. Martial de Maledent a donné une partie de sa fortune et de son temps pour que les catholiques aient un hôpital et y soient assistés par des prêtres et soignés par des religieuses. Faites comme lui si vous désirez un hôpital non catholique. »

J'ajouterai que ce serait un excellent placement de vos économies. Vous savez que vos ennemis racontent des histoires sur les maisons que vous auriez achetées à Limoges, à Royan ou à Royat. Le meilleur moyen de faire tomber tous ces comménorages serait de dire : « Citoyens, je tiens à vous offrir un hôpital laïque. J'y consacre ma fortune et j'y emploierai le reste de mes jours, comme fit Martial de Maledent à l'hôpital Saint-Gérald. »

On vous citait Mme Louise Michel et Mme Léonie Rouzade comme pouvant vous aider, ainsi que M. le docteur Raymond, au cas peu vraisemblable où il consentirait à se passer des religieuses. Mais il va sans dire que vous recruteriez en toute liberté votre personnel.

Cependant l'éloge que vous faisiez un jour de Mme Louise Michel nous ferait désirer de la voir à la tête de votre hôpital-Treich. « Cette sainte laïque, disiez-vous, n'a rien à envier à n'importe quelle béguine. »

Voyons donc cela, Monsieur.

Je vous assure qu'il serait fort intéressant d'établir une noble émulation pour le bien entre votre hôpital et le nôtre.

Il y a des esprits chagrins pour prétendre que vos amis se dévouent surtout en paroles, et qu'au moment d'agir, bonsoir, plus personne. Quel avantage ce serait pour votre parti si M. Cornudet, le socialiste millionnaire, partageait ses terres entre tous ses électeurs ! Quelle leçon de choses vous donneriez vous-même en fondant, de vos deniers et des souscriptions que vous pourriez recueillir parmi vos amis, l'hôpital-Treich, l'hôpital fin-de-siècle, laïque et affranchi de tout béguinage !

Pour le coup, on ne pourrait pas dire que la fraternité ne se trouve que sur les murs et que l'assiette au beurre reste toujours dans les mêmes mains.

Autre avantage très précieux : les malades pourraient choisir et aller se faire soigner ici ou là, selon leurs goûts et leurs convictions. Personne alors ne pourrait se plaindre. Au lieu qu'avec votre système, savez-vous ce qui arriverait ? Vous qui avez de l'argent, vous iriez vous faire traiter par M. le docteur Raymond, qui vous confierait, comme sa clientèle riche, aux bons soins des religieuses. Moi qui ne posséderais pas un rond, je me verrais envoyer par le médecin du « bureau » à l'hôpital laïcisé. Vous croyez que cela me ferait plaisir ? Pas du tout ! Je me plaindrais très fort. « C'est-il ça de la fraternité ? C'est-il ça de la délicatesse ? Et si ça me fait plaisir de me faire soigner par des béguines, moi ! Alors, parce que je suis un pauvre ouverrier et pas un capitalisse, j'ai pas le droit d'être bien soigné ? C'est toujours la même histoire et l'on se fiche du populo. »

Les petits « potins » de M. Treich — Vue d'une sarabande derrière un mur de 2m,45 — Les élèves sages-femmes.

Entre temps le journal de M. Treich lançait quelques petites accusations et racontait dramatiquement les nouveaux scandales qu'il découvrait à l'hôpital.

Le soir du 17 juillet, un de ses lecteurs voyait, par-dessus un mur de 2m45, « une sarabande, un chahut enragé, accompagné de cris sauvages », tandis que les petits enfants abandonnés criaient à tue-tête dans les salles de la maternité.

Or, les élèves sages-femmes prenaient leur récréation sous la surveillance de leur directrice et d'une sœur ; les infirmières étaient toutes à leur poste, et, détail piquant, le commissaire de police du 1er arrondissement, venu avec sa femme à la Maternité pour demander une nourrice, ne s'est pas aperçu le moins du monde de ce « chahut enragé ».

Voilà comment on écrit l'histoire.

A quelques temps de là, nouvelle accusation contre les élèves sages-femmes, dans la *Dépêche*, au sujet du cadeau qu'elles avaient fait à leur directrice. Elles y répondirent une lettre très ferme et très nette — que la *Dépêche* oublia d'ailleurs d'insérer.

Le rapport Pfrimmer — Gasconnades
Les achats

En octobre, M. Treich faisait lire par M. Pfrimmer, au Conseil municipal, un rapport sur la laïcisation de l'hôpital. On l'avait annoncé avec grand tapage, mais M. Treich, comprenant sans doute qu'il valait mieux le vanter que le faire connaître, n'en donnait des extraits qu'à un journal de Toulouse, comme pour faire entendre qu'il s'agissait d'une gasconnade.

Gasconnade en effet, Monsieur Treich, mais il importe de ne pas jouer sur les mots. Vous accusez les sœurs de dépenser beaucoup, quand toutes leurs dépenses sont commandées et contrôlées.

Voilà un sophisme qui plaira peut-être sur les bords de la Garonne, mais, à Limoges, ça ne prend pas. Nous sommes moins naïfs que vous pensez.

Oui ou non, y a-t-il un économe à l'hôpital de Limoges?

Cet économe est-il chargé des dépenses?

Ces dépenses sont-elles contrôlées par la commission administrative?

Cette commission administrative a-t-elle l'honneur de compter parmi ses membres un délégué du conseil municipal qui se nomme M. Edouard Treich ?

En vous plaignant des dépenses de l'hôpital, vous semblez donc dire, Monsieur :

1° Que l'économe remplit mal ses fonctions ;

2° Que la commission ne s'acquitte pas de ses devoirs ;

3° Que vous êtes un personnage remuant et inutile.

Comment ! vont dire vos électeurs : Treich, qui passe son temps à l'hôpital, n'a pas mieux surveillé que cela ? Alors, à quoi sert-il ?

Comment M. Treich démontre lui-même sa parfaite inutilité — A la santé de M. Labussière

En effet, Monsieur, à quoi donc employez-vous votre temps? Pourquoi ces visites minutieuses? Vous n'avez rien su prévoir, rien su arrêter? Ce n'est vraiment pas la peine de vous donner tant d'importance. Retournez donc à vos chères études et continuez à abreuver le prolétariat de votre éloquence sociale et de vos fines liqueurs.

Mais, auparavant, vous devriez, par délicatesse, éclaircir ce quiproquo et proclamer que les crimes dont vous accusez les Sœurs sont imputables à l'économe et à la commission.

Vous vous lamentez de la dépense en spiritueux, comme si l'on vous faisait concurrence. Ignorez-vous tout l'alcool que demande l'antiseptique docteur Raymond? N'avez-vous jamais entendu parler de la potion Tod, au rhum, qu'on donne comme fortifiant aux malades pendant des mois? Ne saviez-vous pas que l'aimable caractère de votre ami M. Raymond a exigé un double service et un outillage coûteux; qu'il y a eu en 1896 beaucoup plus de malades; que la maternité est triplée; que du reste les sommes votées en chapitres additionnels pour les trois derniers mois n'étaient pas encore dépensées?

Enfin, excusez-moi de rappeler de si minimes détails, oubliez-vous qu'il y eut cette année quelques dépenses accessoires non prévues dans le budget : par exemple la tournée de vin qui célébra du même coup la prise de la Bastille et l'entrée de M. Labussière à l'hôtel de ville?

Vous me direz peut-être que ce vin venait de vos caves. J'aime à le croire; mais il n'en est pas moins vrai qu'après avoir introduit à l'hôpital la vie large et facile avec l'abondance socialiste, vous auriez mauvaise grâce à en accuser les Sœurs qui n'en peuvent mais.

Poussez donc le dévouement jusqu'au bout. Ce ne sont pas les Sœurs qui achètent la volaille dont vous déplorez l'abus; elles ne l'ordonnent pas non plus. Les médecins et les internes décident quelle nourriture aura chaque malade, et M. l'économe fait faire les achats par une employée qui lui en rend compte directement. Prenez le panier et le tablier de cette acheteuse et, tandis que le docteur Raymond ira vous remplacer à la Bourse du travail, décrétez que les malades — militaires compris — ne mangeront du poulet que les jours où M. Labussière parlera à la Chambre. L'économie sera certainement considérable.

Mais pour l'exercice courant, vous ne pouvez rester sous le coup des soupçons qu'a jetés dans nos esprits le rapport Pfrimmer. Faites publier les comptes dans leur plus minutieux détail. C'est tout ce que nous vous demandons. Mais, vous savez, si vous n'avez pas d'autres arguments en faveur de la laïcisation...

LE RAPPORT DE M. TREICH

Précautions oratoires

Enfin, après une longue et anxieuse attente, le public a pu connaître le fameux rapport de M. Treich « lui-même ». Nous allons l'examiner point par point.

L'exorde est insinuant.

« Pour faire une démonstration claire et précise, dit M. Treich, il a fallu étudier de très près les différents services de l'hôpital, se livrer à de longues, difficiles et minutieuses enquêtes, compulser nombre de documents, faire abstraction de parti-pris afin de pouvoir établir que la réforme proposée n'est pas une question politique, mais bien une question raisonnée, basée sur les inconvénients résultant de la surveillance religieuse et sur les avantages obtenus par les hôpitaux dirigés par des laïques. »

Ces précautions oratoires n'étaient pas inutiles. Par malheur, M. Treich n'a pas du tout pratiqué les règles si sages qu'il se traçait en commençant son rapport. Il n'a pas étudié d'*assez près* les divers services de l'hôpital; ses enquêtes n'ont pas été assez précises ni assez impartiales; le parti-pris, chez lui, est évident; enfin la laïcisation apparaît toujours à l'observateur attentif et désintéressé comme une question politique en même temps que personnelle : la lutte de M. le docteur Raymond contre M. le docteur Chénieux, et la vengeance de Mlle Hébrard.

Origines de l'hôpital et des sœurs de St-Alexis
Martial de Maledent

M. Treich prétend dissiper certaines erreurs répandues dans le public sur la fondation de l'hôpital. Il ne veut pas qu'on attribue cette fondation à un prêtre, Martial de Maledent. N'en déplaise à M. Treich, c'est cependant la vérité.

Nous avons raconté plus haut les détails de cette fondation. Rappelons seulement que Martial de Maledent fut l'inspirateur et l'initiateur de la fondation de l'hôpital général. M. Treich nous parle du conseil de ville tenu le 14 novembre 1657. Il aurait dû nous dire que Martial de Maledent, nommé administrateur de l'hôpital Saint-Gérald en 1657, s'en occupait activement, se faisait bâtir une petite maison tout à côté, s'occupait d'appliquer à Limoges l'édit de 1656, en parlait autour de lui, s'efforçait d'agir sur l'opinion, provoquait l'assemblée de ville du 4 novembre 1657, y prenait la parole pour développer son projet avec une éloquence persuasive, le faisait accepter par l'assemblée qui décidait de commencer immédiatement une quête à domicile dans l'intérêt de la fondation projetée.

La quête produisit *soixante-quatorze livres,* Monsieur Treich. Comme vous voyez, « la générosité et la libéralité des notables habitants de la ville » ne s'étaient pas encore très nettement montrées. Qui les décida ? Ce fut encore Martial de Maledent. Il fit un don personnel de **quatre mille livres,** ce qui vaudrait aujourd'hui environ **vingt-cinq mille francs.** De plus, il offrit ses biens en garantie des sommes dont le dépôt serait effectué. Voilà ce que fit « ce monsieur », comme vous l'appelez dédaigneusement. Vous voudrez bien noter que ces largesses étaient pour la *construction* de l'hôpital : rien de ce « spirituel » que vous n'aimez pas. Le généreux exemple de « ce monsieur » entraîna ses compatriotes qui donnèrent plus largement. Que si, en mourant, il donna une chapelle et des aumôniers à l'hôpital, dépense que vous évaluez à près de 400,000 livres, il me semble que vous auriez mauvaise grâce à lui en faire un reproche. C'était en somme plus généreux que de laisser ses biens à sa famille. Vous n'avez pas évidemment l'esprit assez ouvert ni assez large pour comprendre des fondations comme celles de la mission et du séminaire ; mais au moins ne devriez-vous pas constester les dons faits à l'hôpital par son fondateur et grand bienfaiteur.

Quel avantage trouvez-vous à rabaisser la gloire de Martial de Maledent en ne voulant pas reconnaître ses générosités? Est-ce là ce que vous appelez « faire abstraction de parti-pris ? » Craignez-vous qu'on fasse de vous à lui une comparaison? Elle ne vous serait pas avantageuse. Vous n'avez ni le talent, ni le grand cœur, ni les biens de ce prêtre. Nul ne songeait à vous en faire un reproche. Mais il s'est dévoué pour organiser l'hôpital et vous vous efforcez de le désorganiser. Les vrais amis du peuple apprécieront ces deux rôles.

M. Treich historien — Un témoignage contemporain

M. Treich nous annonce des « documents ». Quand on veut faire sérieusement de l'histoire, il faut en indiquer les sources et donner les références.

Vous nous parlez, Monsieur, du conseil de ville du 14 novembre 1657. Est-ce bien 1657? D'où est-il extrait? Pourquoi ne parlez-vous pas de celui de 1657 que nous avons cité plus haut, d'après M. Pierre Laforêt dont l'autorité et l'exactitude sont incontestables?

Voici le témoignage d'un contemporain sur Martial de Maledent :

« Ce grand homme dont le nom sera en bénédiction tant que l'hôpital général des pauvres malades de Limoges subsistera..., dont il peut et doit être appelé l'auteur et le principal agent.....

» Dans ses entretiens, il tâchait de préparer au dessein de faire un établissement d'hôpital général dans celui de Saint-Gérald, à l'exemple de la ville de Paris. C'est pour l'exécution de ce dessein qu'il se proposa, avec trois personnes de considération, de se faire nommer administrateur pour employer 33.000 livres d'argent en fonds, desquels on chargeait auparavant lesdits administrateurs solidairement pour les faire valoir au sol la livre pendant leurs quatre ans d'exercice, — qu'il s'engagea à rendre à un chacun ce qu'il voudrait donner pour la bâtisse de l'hôpital général, et, pour leur donner exemple, qu'il avança la somme de 4.000 livres, et fit plusieurs autres actions...... »

» Il fit faire, avec l'argent laissé par son frère, *une grande salle pour les femmes malades, et une autre pour les hommes malades*, avec un degré entre les deux......

» Après que les pauvres femmes malades eurent été placées dans cette nouvelle salle, M. de Savignac put retirer une somme très considérable d'argent, qui servit non seulement à mettre le grand degré déjà commencé..... mais encore pour acheter quantité de matériaux pour bâtir la salle des hommes malades, plus longue que celle des femmes de près de huit pieds.

» Et parce qu'il fallait pour cela reprendre les murailles du côté du chemin qu'on va à l'église de Sainte-Valérie, presque depuis les fondements, à cause que l'ancienne muraille ne valait rien, et du côté d'occident et du pignon, l'élever depuis douze pieds jusques en haut, y faire une charpente toute nouvelle, que pour cet effet il était nécessaire d'être secouru de quelque autre somme d'argent qu'on ne savait où prendre....., la Providence permit que M. de Savignac eut, par la mort de M. le président Moreil (son beau-frère), de quoi *achever le degré* et *bâtir la salle des hommes*..... Il avait donné par son testament la somme de mille livres à la disposition de M. de Savignac..... Mme la baronne de Saint-Pardoux, sa sœur, qui mourut quelques mois après, donna trois cents livres.....

» Son exemple d'être assidu à se rendre tous les jours à l'hôpital, à faire tout ce qui était en lui pour le bien et pour le service des pauvres, *ses aumônes pour leur entretien* et pour le secours de plusieurs honteux, étaient un sujet qui touchait ceux qui en avaient connaissance. »

(*Vie manuscrite de la Mère du Calvaire*, Mlle de Meilhac, nièce de Martial de Maledent, écrite par un contemporain — pp. 36, 39, 43, 786. Archives du couvent de Sainte-Claire).

Voilà, Monsieur Treich, ce qu'à fait pour l'hôpital général Martial de Maledent.

Les sœurs de Saint-Alexis — M. Treich les accuse de s'être enrichies à l'hôpital

Nous avons dit plus haut la fondation des sœurs de Saint-Alexis. Hélène Mercier était allée s'installer en 1638 à l'hôpital Saint-Gérald ; Marie de Petiot était venue l'y rejoindre en 1648. Elles prirent l'habit religieux le 26 octobre 1657. Anne Descordes vint les rejoindre. L'assemblée de ville du 15 mai 1659 acceptait leur offre de servir gratuitement les pauvres. Une ordonnance de l'évêque de

Limoges, en date du 10 août 1659, érigeait l'œuvre sous le titre de *Congrégation des sœurs hospitalières de Saint-Alexis.*

Cette congrégation compte aujourd'hui 52 membres, dont 45 à Limoges.

« Nous avons dit, continue M. Treich, que l'hôpital servait non seulement de refuge aux malades, mais encore aux mendiants que l'on enfermait et que l'on obligeait à travailler. C'est le produit de ce travail qui fournissait en partie le moyen d'entretenir cet établissement.

» J'enqu'en 1738, les sœurs restèrent dans leurs attributions, c'est-à-dire qu'elles s'occupèrent spécialement de soigner les malades gratuitement. D'ailleurs elles ne pouvaient en retirer le moindre bénéfice, puisque la direction de l'hôpital était confiée à des entrepreneurs.

» Mais à partir de 1738 on voit les sœurs demander à l'administration la direction des manufactures installées dans l'hôpital. L'administration accepte et, au bout de quelque temps, elles s'emparent de la comptabilité ; puis, en 1768, les sœurs deviennent directrices de la fabrication du pain qui était alors une affaire très importante, puisqu'on vendait une partie de cette fabrication au dehors. »

Assistance par le travail — Les manufactures — La fabrication du pain — Les sœurs sont priées de s'en charger — Contrôle de l'administration.

Vous semblez, Monsieur Treich, indigné de voir des « mendiants enfermés et obligés de travailler ». Ce n'était cependant que l'application du principe excellent de l'assistance par le travail. Au XVIIe siècle, la France manquait de manufactures et se laissait distancer par les nations voisines. D'autre part, de trop nombreux mendiants, valides et fort capables de travailler, encombraient le pays. Colbert voulut occuper tous ces oisifs et former des ouvriers. A l'hôpital de Limoges on filait la laine et le coton, on fabriquait des tissus de plusieurs espèces. « Un administrateur était chargé de la conduite et de la surveillance des manufactures. Il était tenu un registre sur lequel étaient marqués les frais et salaires des ouvriers, de manière à savoir le profit que l'hôpital retirait des manufactures. »

Si les sœurs s'occupaient du travail, c'était toujours sous la conduite et le contrôle des administrateurs.

« Le 2 août 1768, le conseil d'administration ré ni, M. Dubois, économe, ayant représenté que les différentes occupations auxquelles il est obligé de vaquer journellement dans l'hôpital, soit pour les états des mendiants, enfants exposés et soldats, lui consument une partie du temps qu'il employait aux visites fréquentes de la boulangerie afin de veiller à ce qu'il ne s'y commette pas de fraude dans la vente du son, la distribution du pain, objets qui méritent la plus grande attention.

» Le bureau ayant mûrement réfléchi sur les inconvénients qui pourraient résulter dans une partie si intéressante, a délibéré que, *pour le bien des pauvres, on engagerait la supérieure de Saint-Alexis de vouloir bien donner une de ses religieuses* pour prêter ses soins dans la boulangerie, vendre le son, distribuer le pain, etc.

» En conséquence, la Mère Dalesme de Salvanet, supérieure, a proposé Sœur Saint-Étienne Belut pour remplir ladite place et *rendre compte de sa recette à la réquisition du Bureau.* »

(Extrait du registre des délibérations de 1763 à 1795 — p. 48.)

Voilà, Monsieur Treich, comment les Sœurs devinrent directrices de la fabrication du pain.

On les en pria. Elles acceptèrent ; mais toujours *sous le contrôle de l'administration.*

Un acte des administrateurs de l'hôpital en 1789 — Hommage rendu aux sœurs — On leur demande, dans l'intérêt de l'hôpital, de se charger de nouveaux services

« Messieurs les administrateurs de l'hôpital général de Limoges soussignés, voyant avec la plus grande satisfaction les services suivis et exacts que rendent habituellement Mesdames de Saint-Alexis aux pauvres de cette maison, désirent depuis longtemps, mais avec crainte de les surcharger d'occupations pénibles, les engager à concourir avec eux d'une manière plus particulière à l'économie, mal observée souvent par des personnes mercenaires qu'on est obligé d'employer dans de certaines parties. Sur la proposition qui en a été faite à la digne supérieure de cette maison, remplie de zèle pour tout ce qui peut concourir à l'avantage des pauvres, elle a vu pour le moment-ci la possibilité de rendre tous les services qu'on demandait d'elle et de sa maison.

» En conséquence, la dite Dame consent que celle de ses Dames chargée de la boulangerie le soit aussi des graisses, huiles et chandelles, pour qu'elle en fasse la distribution convenable et nécessaire, ainsi que des clés des greniers pour qu'elle les donne le matin, à la soupe, aux gens chargés de remuer les grains, et les retire le soir à la distribution de la soupe. Comme aussi qu'elle donne aux meuniers les mandats qui lui seront fournis par l'administrateur chargé de cette partie et en retirer les farines. La dite Dame supérieure se réserve néanmoins la liberté de rompre le présent engagement pour s'en tenir à ses fonctions ordinaires toutes les fois et quand, quelque raison qui puisse être, pourront s'y opposer sans qu'elle soit, en aucune manière, obligée à les déduire, entend aussi la dite Dame que le bureau fournira registres, papiers et autres ustensiles propres et nécessaires au détail dont elle veut bien se charger. En foi de quoi nous avons signé les présentes.

» Fait et arrêté au bureau de l'administration du dit hôpital, ce dix-sept février mil sept cent quatre-vingt-neuf.

» Ont signé : Messieurs Tanchon, Péconnet, Garat de Saint-Priest, Navière de la Boissière, Navière du Treuil, Malden de Feytiat, Bonnin et Ardant, administrateurs.

Vous le voyez, Monsieur Treich. Ce ne sont pas les sœurs qui se sont emparées de ces fonctions. C'est l'administration qui les a priées de vouloir bien s'en charger *pour concourir d'une manière plus particulière à l'économie.*

L'économe — L'hôpital prêtant de l'argent à la municipalité

Vous ajoutez qu' « en 1789, l'économe fut supprimé. »

Si le fait était exact, la suppression aurait été alors de bien courte durée, puisque, en 1795, M. Geanty, *économe de l'hôpital,* ayant déjà 1.400 livres d'appointements, demande une augmentation qui lui est accordée. Cette augmentation indique bien que ce fonctionnaire comptait plus de quelques semaines de service.

Les recettes provenant des services que dirigeaient les sœurs étaient d'ailleurs si bien employées par l'économe qu'elles servirent, à cette époque, comme M. Gioste en témoigne, à donner du pain à l'établissement. Il faut même ajouter que, grâce à l'excédent de recettes de l'année 1790, l'hôpital *put prêter de l'argent à la municipalité* pour l'aider à acheter des grains et obvier ainsi à la disette de 1791. Faites-en donc autant !

Désintéressement et pauvreté des sœurs de Saint-Alexis — Un nouveau témoignage de l'administration

Qu'en dites-vous, Monsieur Treich ? Voilà des services qui n'étaient pas si mal administrés. Quant à l' « intérêt » qu'y pouvaient avoir les Sœurs de Saint-Alexis, il était uniquement de voir s'accroître les ressources de la maison et de pouvoir plus aisément secourir les malades. Pour elles-mêmes, elles n'en tiraient aucun profit. En décembre 1796, l'administration de l'hospice « atteste qu'il est à sa connaissance qu'elles ne possèdent qu'une maison et deux jardins, que leurs familles et des amis de l'humanité ont été obligés de leur donner, *depuis 1790,* des secours pour subsister, que l'administration a été nombre de fois témoin de leur grande détresse, mais qu'elle n'a pu y porter le moindre soulagement, *ne pouvant faire rejaillir sur elles* les fonds mis à sa disposition pour l'hospice.

« L'administration peut affirmer que le plus grand nombre d'entre elles sont occupées sans relâche au service des pauvres, *que leur zèle et leur activité ne se sont jamais ralentis un seul instant*, et qu'un amour si nécessaire et si précieux pour l'humanité sollicite vivement en leur faveur. Le bureau pense qu'il est de *toute justice* qu'on leur accorde des secours prompts pour qu'elles puissent continuer leur service. »

Malgré la bonne volonté de l'administration, les secours ne furent pas accordés, car les ressources manquaient. Pour subvenir à de si pressants besoins, les Sœurs résolurent d'ouvrir une école, de recevoir des pensionnaires dans leur communauté, sans pour cela cesser de servir les malades. Le pensionnat devint florissant en quelques années et permit à la communauté de subsister. Mais les

Sœurs désiraient, comme autrefois, se vouer exclusivement aux soins des malades et dès qu'il fut rigoureusement possible de vivre sans les ressources de l'enseignement, le pensionnat fut supprimé, en 1810.

Voilà ce que vaut, Monsieur Treich, votre insinuation calomnieuse. Dernièrement vous accusiez les sœurs de vol et de coulage à la pharmacie et il vous fallait vous rétracter, après une lettre très ferme de leur supérieure. Aujourd'hui vous avez découvert que les sœurs ont dû faire de bonnes affaires en surveillant les ateliers et la boulangerie. Je viens de vous démontrer que votre accusation est **historiquement fausse.** Mais je tiens à bien faire remarquer vos procédés et vos moyens d'attaque. Libre à vous de trouver que les sœurs ont manqué une belle occasion de s'enrichir aux dépens des pauvres. De plus habiles qu'elles et de moins consciencieux ne s'en seraient peut-être pas privés. Mais lancer sans raison vos accusations diffamatoires contre des femmes désintéressées et généreuses, ce n'est ni très noble, ni très intelligent.

Relations avec l'administration — M. Treich n'a pas de chance

Poursuivons. « A dater de mai 1801, le maire fut président-né de la commission administrative de l'hospice. Il devait voir d'un mauvais œil, et cela dans l'intérêt de la ville et de l'hôpital, l'autorité toute-puissante des sœurs. »

C'est si peu vrai qu'au registre des délibérations de la commission administrative de l'hôpital, séance du 12 juillet 1812, nous trouvons ce qui suit :

« La commission, sentant combien il est essentiel au bon ordre et au bien général de l'hospice qu'il existe des rapports plus intimes entre elle et les dames sœurs hospitalières, que le zèle qui anime tous les membres de la commission et de la congrégation de Saint-Alexis opèrera un effet plus sûr et plus prompt en établissant entre eux une communication périodique et régulière, que c'est même le seul moyen sûr pour que, de part et d'autre, un chacun puisse saisir l'ensemble de cette vaste administration et concourir uniformément au bien général, est d'avis que Mme la Supérieure des dames de Saint-Alexis se réunisse au bureau au moins une fois par mois pour y traiter, de concert avec la commission, des objets relatifs à l'administration intérieure de l'hospice.

» Elle arrête en conséquence que Mme la Supérieure sera invitée de prendre, avant la fin de chaque mois, auprès des sœurs, des renseignements exacts sur les diverses parties de leur gestion particulière, pour en faire son rapport au 1er bureau du mois suivant. »

M. Treich n'a pas de chance. C'est au moment où il annonce « une différence de rapports entre la commission et les sœurs » que ces rapports deviennent plus « intimes » et mieux ordonnés.

Le 20 avril 1878, M. Nassans écrivait, au nom de la commission administrative, à la supérieure de Saint-Alexis que « toutes les fois qu'il lui conviendrait d'assister aux réunions de la commission, elle y trouverait, pour ses demandes et réclamations, l'accueil le plus empressé et pour ses avis et conseils la plus respectueuse déférence. »

Le différend de 1810 — Une lettre du ministre des cultes — La discipline nécessaire — L'incident de 1896 — Quelles réformes, s. v. p. ?

» En 1810, un différend survenu entre la commission administrative et la supérieure de la communauté nous montre combien est dangereux ce pouvoir devant lequel les meilleures volontés fléchissent, les meilleurs dévouements se brisent et s'épuisent inutilement sans pouvoir *les* mettre à profit. »

Le différend auquel M. Treich fait allusion en ces termes dramatiques et obscurs, se produisit au sujet de la Sœur Saint-Michel Begougne. Un personnage influent soutenait cette religieuse et voulait la maintenir à la pharmacie alors que bien des motifs nécessitaient son changement d'emploi. La supérieure, obligée de maintenir dans sa communauté l'ordre et la discipline, fit son devoir. La sœur Saint-Michel Begougne quitta l'hôpital et alla donner ses soins aux aliénés.

Puisque M. Treich parle de la correspondance qui fut échangée à cette occasion avec les ministères, il aurait dû citer une lettre du ministre des cultes au préfet de la Haute-Vienne, en date du 30 août 1810 :

« L'article 2 du décret du 18 février 1809, disait le ministre, reconnaît des statuts aux congrégations d'hospitalières pour leur régime intérieur. Les administrateurs ne peuvent donc s'opposer à ce que, à l'époque déterminée par ces statuts, la Sœur chargée de l'apothicairerie ne fût remplacée par une autre, à moins qu'il n'y eût des faits particuliers contre cette dernière. »

N'en déplaise à M. Treich, toute société a besoin, pour vivre et agir, de règles, de discipline et d'autorité. Si l'on refuse à une supérieure le droit de changer ses subordonnées quand elle s'y voit obligée en conscience; si une sœur ne veut pas quitter la salle où elle se trouve bien ou parce qu'elle est protégée par tel ou tel personnage, ce sera l'anarchie et le désordre non seulement dans la communauté, mais dans tout le service dont elle est chargée.

« La situation n'a pas changé depuis 1810 jusqu'au mois de février 1896; une sœur, qui avait été insolente à l'égard d'un docteur, fut, sur la demande du conseil d'administration, renvoyée de l'hôpital. Huit jours après, on la voyait se promener dans les salles. »

Pardon. M. le docteur Raymond ayant parlé insolemment à une sœur, celle-ci lui répondit d'une façon un peu vive. Le docteur Raymond demanda son renvoi. Par esprit de conciliation, la commission administrative exprima le désir qu'on donnât satisfaction au docteur. La supérieure y déféra immédiatement, la sœur fut changée d'emploi; il n'avait pas été question de lui interdire l'entrée de l'hôpital.

« La commission administrative demanda à la Supérieure de vouloir bien faire revenir à l'hôpital une jeune sœur très intelligente et dont tous les administrateurs ainsi que les malades louaient les soins et le dévouement. »

La jeune sœur en question était demandée, non par la commission, mais par deux de ses membres, MM. Treich et Dumonteil, sur l'instigation de Mlle Hébrard. La Supérieure répondit qu'elle ne pouvait ni ne devait se rendre à ce désir. Elle exposa ses raisons à M. le Président qui les comprit et les agréa.

« Ce seul fait démontre surabondamment que jamais et tant que la communauté de Saint-Alexis aura la direction des services, il ne sera pas possible à la commission administrative d'opérer des réformes si ces réformes ne plaisent pas aux religieuses. »

Nous demandons à M. Treich **quelles réformes**, utiles pour les malades, **les sœurs ont refusé d'accepter.**

Encore une fois, il ne suffit pas de jeter des accusations dans le public, il faut les prouver.

La liberté de conscience — Les prières à l'hôpital — Fausses accusations

Vous prétendez, Monsieur, « qu'un des principaux motifs pour demander la laïcisation des services, est l'atteinte portée à la liberté de conscience. »

« On est obligé, dites-vous, d'écouter les prières et des psalmodies que la sœur vient réciter *trois ou quatre heures par jour,* dans les salles des malades. »

» C'est une *violation* à la liberté de conscience et un *ennui* pour les malades.

» Pour qui connaît le fanatisme religieux, *on n'hésitera pas* à croire que les malades qui suivent docilement les pratiques catholiques obtiennent des douceurs et des faveurs, tandis que le malheureux, étendu sur son lit de douleur, s'il veut avoir sa part de ces douceurs, sera obligé de faire violence à ses croyances et à ses opinions politiques..... »

» Est-il nécessaire de citer les exemples? Nous ne le croyons pas, car tous ceux qui sont passés dans cet asile et qui vivent encore sont des témoins qui savent et qui peuvent affirmer que ce que nous vous disons est vrai. »

Tout cela, au contraire, est **faux**.

Il est **faux** qu'on récite des prières dans les salles *pendant trois ou quatre heures par jour.* Trois ou quatre minutes le matin et autant le soir; deux ou trois secondes au repas, et c'est tout pour les salles des hommes.

Dans les salles des femmes, quelques malades ont **demandé** de réciter le chapelet ou d'entendre une lecture. On le fait pour leur être agréable; on cesserait si elles en témoignaient de l'ennui. Les lectures ne sont pas exclusivement pieuses : on lit des almanachs, des histoires intéressantes.

Il est **faux** que la liberté de conscience soit violée. Nul n'est obligé de prier ni de se découvrir. Vous n'aimez pas la prière, Monsieur, et le chapelet vous incommode. D'autres n'aiment pas la musique. Quelques-uns poussent peut-être le mauvais goût jusqu'à n'aimer pas contempler votre visage et être fatigués de vos visites fréquentes et de vos incessantes questions. Il faut cependant accepter tout cela, parce que la vie en commun n'est possible et supportable que si l'on sait se faire de mutuelles concessions. Depuis que vous faites le maître à l'hôpital, il faut bien que les malades vivent au milieu de la fumée du tabac que vous tolérez.

Il est **faux** que les malades soient mieux traités en proportion des marques de dévotion qu'ils donnent. Les choses religieuses, Monsieur, ne se traitent pas comme des affaires commerciales; les catholiques estiment que la sincérité est la première qualité de la prière et qu'elle ne s'achète pas. Voilà encore une grave accusation que vous lancez sans pouvoir fournir une seule preuve, malgré vos recherches et vos obsessions auprès des malades.

Est-ce un ennui pour les malades? Tout au contraire — Le respect des morts — L'âme

Il est donc **faux** que la liberté de conscience soit violée. Il est également **faux** que les prières qui se font causent de l'**ennui** aux malades; elles sont pour cela trop courtes, et nous avons vu que dans quelques salles les malades ont voulu les prolonger.

Quand on faisait venir, à la fin du mois de mai, les enfants de l'hôpital pour chanter quelques cantiques dans la salle Sainte-Madeleine, c'était un plaisir pour les malades, si bien qu'on venait exprès des salles voisines voir la petite cérémonie.

Les distractions ne sont pas nombreuses à l'hôpital, même sous votre régime, Monsieur. Pourquoi ne pas vouloir laisser aux malades celles qui leur plaisent?

Est-ce que le chant et la musique vous déplaisent? Vous allez proscrire alors les petits concerts donnés dans la cour de l'hôpital par les musiques militaires?

Vous ne parlez pas des prières qu'on fait pour les mourants ou pour les morts. Là encore, la conscience des malades n'est ni « violée » ni « torturée ». Les prières des agonisants sont dites presque à voix basse. Y répond qui veut. On demande seulement un peu de silence devant la mort, et cette demande est à peine nécessaire tant le respect est naturel à ce moment.

Ce respect de la mort, si grand chez les Limousins, je vous dirai bientôt ce qu'il est devenu dans les hôpitaux laïcisés et comme nous perdrions à voir réaliser votre triste projet.

Les sœurs croient à l'âme, en effet. Cela revient à dire qu'elles traitent leurs malades comme des êtres intelligents et libres. Nul ne pourrait s'en plaindre. Si cette considération vous semble exagérée, fondez donc un *sanatorium* spécial. Mais l'hôpital de notre ville doit être ouvert à tous les citoyens et nous entendons y être reçus et y voir admettre nos malades comme des hommes, pour y recevoir les soins du corps et, s'ils le désirent, ceux de l'âme.

Il est **faux** que les sœurs oublient ou négligent de soigner les corps pour ne penser qu'aux âmes. Je vous le montrerai tout à l'heure.

La politique à l'hôpital

Mais voyons d'abord une autre accusation.

« Pour être bien traité des sœurs, dites-vous, on est obligé de *faire violence*..... à ses *opinions politiques.* »

C'est **faux**. Le règlement particulier des sœurs de Saint-Alexis leur défend de parler de politique, et cette défense a toujours été observée.

Il faut vraiment, Monsieur, avoir peu de prudence pour soulever cette question-là. C'est vous qui accusez les religieuses de faire de la politique à l'hôpital? Vous? Mais qu'avez-vous fait autre chose depuis que vous y êtes?

Ce serait le cas d'interroger, d'après votre proposition, tous les malades « qui ne sont pas morts ». Vous avez donc oublié l'effervescence que vous aviez mise dans les salles à l'époque des élections, et l'empressement que mettaient les aveugles et les paralytiques à se rendre au scrutin, sous la conduite complaisante d'un de vos amis? Et les joyeuses lampées pour célébrer le succès de M. Labussière? Et les espérances que vous manifestiez de voir aboutir vos projets « si seulement le ministère pouvait changer? »

On dit vulgairement qu'il ne faut pas parler de corde dans la maison d'un pendu. Au même titre, vous avez tort d'attirer l'attention sur « la politique à l'hôpital ». C'est une audace qui fait sourire.

Les soins donnés aux malades — Le temps passé dans les salles

Vous dites, Monsieur, que les sœurs passent seulement **7 heures** dans les salles. C'est **faux**.

Prenons, si vous le voulez bien, l'emploi du temps d'une sœur de la salle Sainte-Madeleine.

Elle couche à l'hôpital et se lève la nuit pour peu qu'on ait besoin d'elle — et ce n'est pas rare.

Son lever est régulièrement à 4 h. 1/4. Elle prie. C'est son affaire. Et si elle trouve dans sa prière la force de mieux remplir son devoir pendant sa longue journée, le temps qu'elle y passe n'est point perdu pour les malades. Elle va ensuite dans la salle de 5 h. 1/4 à 6 h., puis de 7 h. à 11 h. 1/4 ou 11 h. 1/2, quelquefois jusqu'à midi. A 1 h. 1/2 elle revient dans la salle jusqu'à 3 h. De 3 h. à 3 h. 3/4 elle va à la communauté, en revient à 3 h. 3/4 pour rester dans la salle jusqu'à 6 h. De 6 h. à 7 h., souper. A 7 h., retour dans la salle jusqu'à son coucher qui est retardé quelquefois jusqu'à 10 heures.

En résumé, **cinq heures** dans la salle le matin ; **six heures** le soir. C'est un total de **onze heures** par jour. Nous voilà loin, Monsieur, de la journée de 8 heures chère aux socialistes.

Il va sans dire que les divers exercices des sœurs sont subordonnés aux besoins des malades ; elles savent que les nécessités de leur emploi d'infirmières doivent l'emporter sur les obligations de leur règle.

Comment ce temps est employé

Voyons maintenant comment ce temps est employé :

A 5 h. 1/4, la sœur fait la visite des malades avec la veilleuse qui rend compte de ce qui s'est passé pendant la nuit. Distribution de la tisane, du lait et de divers médicaments.

A 7 h., distribution du pain, préparation des déjeuners particuliers. Inspection de propreté. Arrangement des lits, etc.

A 8 h. 1/2, visite du médecin qu'une sœur suit pour écouter ses prescriptions. Pendant ce temps, une autre sœur fait les divers pansements : escarres, vésicatoires, mouches de Milan, frictions, embrocations ; puis elle recueille les effets des malades qui arrivent, les met en paquets, s'occupe des soins de propreté, donne le linge, pourvoit aux premiers besoins, distribue le vin, etc., etc.

Après la visite, la sœur distribue les aliments en faisant le tour de la salle, puis revient aux malades qui ont des particularités, leur procure ce qu'il leur faut, les fait manger.

Dès le moment opportun, une des deux sœurs distribue le linge pour changer les malades, fait porter le linge sale au grenier, le fait remplacer à la lingerie, a souvent des courses à faire à la cuisine et à la pharmacie.

L'autre sœur va de lit en lit, fait boire, lave la bouche des malades, recueille leurs crachats, essuie la sueur des mourants, écoute les demandes, les plaintes, les réclamations, console, encourage, met la paix quand elle est troublée.

Le dîner de la sœur première est toujours retardé jusqu'à 11 h. 1/4, 11 h. 1/2 et parfois à midi, selon que l'exigent les besoins des malades.

A midi, pendant le dîner, une sœur fait la visite des salles pour voir si tout va bien et pour se mettre à la disposition des malades qui la demanderaient. A une heure, une autre sœur fait la ronde pour faire rendre aux ateliers. Très souvent aussi, pendant ce moment de délassement, les sœurs sont retenues dans leur emploi par l'état des malades ou par les nécessités du service.

A 1 h. 1/2, la sœur revient dans la salle, elle va aux lits des plus malades, pourvoit à leurs besoins, distribue le pain, met ses armoires en ordre, termine ce qu'elle n'avait pu faire dans la matinée.

A 3 h. 3/4, distribution du vin et du repas du soir. La sœur fait ensuite les pansements qui doivent être faits deux fois.

Les besoins des malades sont innombrables ; l'un veut du thé, un autre du sucre, un troisième de l'éther, du linge.

Un malade arrive ; il faut tout quitter pour le recevoir, écouter les recommandations des parents, leur demander des renseignements sur les symptômes de la maladie pour pouvoir le lendemain les transmettre au médecin.

A 6 h., la sœur se rend à la communauté pour le souper. Elle revient à 7 h. à la salle, distribue les tisanes et les médicaments ; puis il y a les piqûres à faire ; il faut exécuter les ordonnances de l'interne, faire des recommandations à la veilleuse, lui donner ce qui peut lui être nécessaire pour la nuit.

Le coucher est quelquefois retardé jusqu'à 10 heures, et, s'il le faut, la sœur se lèvera encore la nuit.

Quelle que soit votre activité, Monsieur Treich, vous conviendrez que voilà une journée bien remplie. Et beaucoup de ces soins qu'on dit en deux mots prennent un temps considérable.

Vous me direz sans doute que les infirmiers et les infirmières aident les sœurs avec autant de dévouement que d'habileté. C'est incontestable et nécessaire. Une même personne, quelque intelligente et active qu'on la suppose, peut difficilement bien faire plusieurs choses à la fois. Si vous avez jamais observé avec impartialité le service d'une salle de l'hôpital, vous aurez pu reconnaître que toutes les bonnes volontés n'y sont pas de trop.

En chirurgie — Les pansements

« En chirurgie, dites-vous, la sœur ne fait aucun pansement. Ce sont les infirmiers ou infirmières qui préparent le travail opératoire, assistant le chirurgien et les étudiants pour les pansements internes ou externes. »

C'est **faux**. La sœur de la salle de chirurgie Sainte-Cécile, et celle de la crèche (pour tous les enfants), préparent pour les opérations tout ce qui est nécessaire et prennent soin des opérés. Les docteurs de ces services ont témoigné maintes fois leur satisfaction.

M. Treich peut s'en convaincre par les lettres que ces Messieurs ont adressées il y a quelques mois aux membres de la commission administratrative. Après tout, MM. les chirurgiens et médecins ont bien, sur les questions de leur service, une compétence et une autorité qui valent l'autorité et la compétence de M. Treich. Quoique les socialistes prétendent avoir la science infuse, peu de malades, sans doute, accepteraient de confier à M. Treich le soin de leur santé.

Pourrait-on, dès lors, s'en rapporter à ses appréciations?

Si, à la salle Sainte-Elisabeth, les sœurs ne s'occupent pas des opérations, c'est pour ne pas contrarier M. le docteur Raymond, qui ne pense pas que Mlle Hébrard puisse jamais être remplacée. Néanmoins, une sœur continue à suivre sa visite.

Les soins donnés aux hommes

Les sœurs ne soignent jamais les hommes, Monsieur Treich ?

Avez-vous entendu parler d'Etienne Landeau, de la rue Thérèse ? Il avait à la jambe une plaie si mauvaise que M. le docteur Raymond ne pouvait l'opérer. On désespérait de le sauver. Il fut relégué dans une petite salle où une sœur l'a soigné si bien que sa plaie est devenue vermeille. M. le docteur Delotte a pu l'amputer sans danger et il est sorti guéri. Voilà comment les sœurs ne donnent « aucun soin » aux malades.

Et les teigneux, et les cancéreux, qui les soigne? Ils sont isolés dans une salle, et deux sœurs seules les voient. Une des religieuses qui les soignait, ayant dû cesser, sur la demande de M. le docteur Raymond, parce qu'elle allait ensuite dans une autre salle, elle a été remplacée par la supérieure.

A l'époque de la maladie appelée « des Espagnols », en 1808, **dix sœurs** moururent de cette maladie qu'elles avaient contractée en soignant les malades. La dernière fut la supérieure, Mère Saint-Laurent.

L'une d'elle, sœur Saint-Denis, de Saint-Léonard, contracta son mal en portant dans ses bras un pestiféré que personne n'osait approcher.

Pendant la guerre de 1870-1871, les sœurs de Saint-Alexis soignèrent les soldats atteints de la variole. Elles en eurent 150 à la fois sans discontinuer, pendant 4 mois. On avait placé des lits jusque dans les greniers. L'intendant militaire, M. Costet, ne dissimulait pas son admiration pour le dévouement des sœurs. « Ces sœurs se tuent », disait-il.

En plus de leur service à l'hôpital, les sœurs allaient encore soigner les militaires dans les diverses ambulances de la ville. Ne pouvant plus suffire au travail, elles demandèrent des aides aux sœurs du Sauveur qui leur envoyèrent cinq religieuses.

Les enfants assistés

« Pour les enfants assistés, dites-vous, la sœur ne s'en occupe qu'au point de vue religieux. »

C'est **faux.**

Le soin des enfants malades n'est nullement abandonné à la direction des infirmières. Là, comme ailleurs, les sœurs ne se contentent pas de surveiller; elles mettent aussi la main à l'œuvre et pourvoient aux besoins des enfants. Elles font de plus les pansements qui durent actuellement *une heure et demie* par jour chez les petites filles et au moins une heure chez les enfants de la crèche. Dans ce dernier service, c'est à la sœur seule qu'est confié le soin de la stérilisation du lait.

Pour les petites filles non malades, une sœur leur fait la classe.

Elle est pourvue de son brevet. Croyez-vous donc que Mlle Hébrard ait seule le privilège de posséder ce diplôme élémentaire ?

La Cuisine

« Une sœur, dites-vous, est employée à la cuisine, qui, comme les autres, est obligée de laisser ce service en souffrance, forcée de passer trop de temps à la communauté. »

C'est **faux.**

De 7 heures du matin à 6 heures du soir, la sœur de la cuisine reste à peine deux heures absente de son emploi, *où elle ne s'assied jamais.* De plus, elle y va encore le matin de 5 h. 1/2 à 6 heures. Elle a sous ses ordres une autre sœur, quatre hommes et une femme.

C'est elle qui dirige tout le service et qui coupe, en moyenne, 900 portions de viande par jour. Elle s'occupe encore des repas des officiers, sous-officiers, internes, adjoints de l'économe, sage-femme, élèves de la maternité, et des régimes particuliers des malades.

On peut comprendre facilement les tracas et les préoccupations d'un pareil service et quelle peine il faut se donner pour que rien ne manque ni ne se perde et pour que tout soit prêt à l'heure.

Si vous aviez pris le temps d'examiner à loisir ce service et si vous aviez voulu en parler sans parti-pris, vous auriez dû, Monsieur, constater ce que je viens de vous dire.

Les variations de M. Treich — L'antisepsie — Les microbes — Témoignage d'un médecin

« Deux ou trois sœurs sont employées à la pharmacie ».

C'est **faux.** Il y en a **quatre** qui y passent tout la journée, et deux autres y vont le matin pour les aider.

Au reste, Monsieur Treich, comment le savez-vous ? Vous n'avez jamais inspecté la pharmacie ni fait subir aucun examen aux sœurs qui y sont employées.

Vous vous croyez sans doute plus fort en pharmacie que les

pharmaciens, comme vous êtes plus compétent que les médecins en médecine. Permettez-nous de ne point partager cette présomptueuse confiance et de préférer à la vôtre l'opinion de M. le Directeur de la pharmacie. Il a déclaré que la pharmacie est très bien tenue et les médicaments très bien préparés. Il est vrai que M. Lambert, n'étant pas de votre avis, ne peut être, à vos yeux, qu'un ignorant. Il a de plus le tort considérable et que vous ne lui pardonnez pas, d'occuper la place que vous destiniez à votre ami M. Pfrimmer ou à cet excellent M. Tarrade, l'homme heureux par excellence... Mais vous deviez si bien « faire abstraction de tout parti-pris » !!

Quand la commission administrative nomma M. Lambert pharmacien-chef, M. Treich lui donna sa voix. Et ceci ne se passait pas en des temps très anciens, puisque c'était à la fin du mois de décembre 1896. M. Lambert n'a que deux mois de plus. Comment M. Treich s'aperçoit-il seulement aujourd'hui que « la force et l'énergie nécessaires » lui manqueront ?

Quant à l'antisepsie, dit M. Treich, les sœurs, « loin de profiter des exemples qui leur étaient donnés par les médecins et de chercher à s'instruire, ont résisté à toutes les tentatives... elles ont même essayé de les ridiculiser en disant que l'antisepsie était une mode qui passerait comme les autres. »

Si les sœurs ont plaisanté des microbes et de certaines exagérations qui font voir à quelques esprits craintifs le danger et la mort dans la moindre goutte d'eau, elles ont eu tort, car il ne faut jamais rire des choses sérieuses. Cependant, Monsieur Treich, il n'est pas mauvais pour nous et pour nos malades qu'elles acceptent avec un peu de gaîté les théories microbiennes. Savez-vous que les infirmières qui les prendraient au tragique se mettraient immédiatement en grève et feraient quelque difficulté à soigner la teigne et le cancer !

Quant au mépris de l'antisepsie et à la négligence des soins demandés par les médecins, ce sont encore des accusations fausses.

Mlle Hébrard n'a pas été seule à étudier et à pratiquer les théories aseptiques et antiseptiques. Les sœurs s'en sont occupées et les médecins ont constaté que leurs connaissances étaient suffisantes. L'un d'eux écrivait, il y a cinq mois : « J'ai eu l'occasion de lire une note assez développée, rédigée par elles, concernant les règles de l'antisepsie en chirurgie, et qu'elles tenaient à soumettre à mon appréciation. Je l'ai trouvée très explicite sur les principes et les détails de l'asepsie et de l'antisepsie. »

Ce que coûtent les sœurs d'après M. Treich

M. Treich prétend prouver que les Sœurs ne servent pas gratuitement les malades. Elles coûtent, dit-il, 5,158 fr. 50 par an.

Voici comment il fait son compte :

Pharmacie (remèdes, eaux minérales, vins fortifiants)	2,000	»
Blanchissage	1,000	»
3 ouvrières employées au repassage des guimpes, à 350 francs	1,050	»
Frais de feu, amidon, fers	300	»
10 Sœurs couchent à l'hôpital (frais de lumière, draps, serviettes, couvertures, menus objets)	300	»
50 tabliers noirs à 25 Sœurs, à 2 fr. 20 l'un	125	»
Blanchissage de 122 tabliers salis par 30 Sœurs et par semaine, soit 15,000 par an, à 1 fr. 75 le cent	163	50
Pour la toile des tabliers	170	»
Pour l'étoffe des manches bleues	50	»
	5,158	50

Tel est le compte de M. Treich. Il est **inexact** comme nous allons le prouver.

Ce que coûtent les sœurs en réalité

PHARMACIE

Voici l'article 6 du règlement de l'hôpital :

« Les sœurs hospitalières de Saint-Alexis devant, suivant les statuts de leur ordre, servir les pauvres malades de l'hospice de Limoges *gratuitement*, ne demandent *aucun traitement* et ne veulent être à leur charge ni pour leur entretien, ni pour leur nourriture, ni pour leur vestiaire. Elles auront seulement la faculté, en cas de maladie, d'user des médicaments qu'elles préparent à la pharmacie. »

C'est ce qui se fait et cela semble juste. Franchement, serait-il digne de notre grand établissement hospitalier que les infirmiers, les infirmières, les religieuses qui consacrent leur temps au service des malades, qui prennent souvent à leur chevet de graves maladies, soient contraints, pour se soigner, d'aller acheter en ville quelques cachets de quinine ou une bouteille de quinquina?

Il est bon de remarquer, en effet, que tous les employés de l'hôpital, même ceux qui ont des traitements, participent à cette faveur.

Le *Rappel du Centre* du 17 janvier 1897 annonçait la nomination de M. Lambert, ajoutant que « les sœurs continueraient, comme par le passé, leur petit commerce, le coulage habituel, prenant tout ce qui leur conviendra : kola, quinine, vin de quina, de Banyuls, etc., pour le plus grand bien de la communauté et au détriment des finances de la ville. »

En d'autres termes, les Sœurs de Saint-Alexis étaient accusées d'être des voleuses.

Leur Supérieure répondit en citant l'article du règlement que nous avons donné plus haut et qui permet aux religieuses d'user, en cas de maladie, des médicaments qu'elles préparent.

« Voilà ce qui se fait, ajoutait-elle, honnêtement, loyalement, sans fraude ni « coulage ». Quelques paquets de quinine, ce qu'il faut de kola ou de Banyuls pour une potion (1), trouvez-vous vraiment que ce soit trop donner à quelques femmes dont la vie est consacrée au service des malades ? »

Le *Rappel* s'excusa. « Il serait bien difficile à Mme Beaudemoulin (Mme la Supérieure de Saint-Alexis), de nous montrer les ordonnances des médecins équivalentes à la quantité de médicaments sortis de la pharmacie. Nous n'avons jamais voulu dire pour cela que les sœurs volaient. » Ah ! vraiment ? Alors, dans le langage et la politique socialistes, « le petit commerce », le « coulage », le fait d'entretenir des particuliers « au détriment des finances de la ville », en un mot, ce que nous appelons en français le **vol** sous diverses formes, tout cela pour vous est innocent ? C'est le résultat des « besoins et des goûts du commun des mortels ? » Grand merci de la leçon, mais je la trouve peu rassurante pour les pauvres gens qui sont, comme nous à Limoges, gouvernés par des socios.

Quoiqu'il en soit, le chiffre de 2,000 francs indiqué par M. Treich

(1) Il faut remarquer que les sœurs prennent à la pharmacie du kola et du Banyuls, seulement comme éléments de potion. S'il leur faut des vins fortifiants, elles les prennent chez elles et à *leurs frais*.

comme dépense annuelle des sœurs à la pharmacie est **absolument exagéré.** Cette dépense est **au maximum de 400 francs.**

En 1891, la dépense totale de la pharmacie, y compris le vin, le sucre, les eaux minérales, les médicaments, s'est élevée à 17,386 fr. 17. L'hôpital compte environ 800 lits et la communauté de Saint-Alexis une cinquantaine de sœurs. Si les chiffres de M. Treich étaient exacts, il se trouverait que chaque sœur, bien portante, dépenserait 40 francs par an à la pharmacie, soit au moins le double de ce que dépense chaque malade. Et nous savons que les sœurs ne *volent* pas, le *Rappel* en convient.

Au reste, si l'administration le croit bon, elle n'a qu'à exiger un contrôle sévère.

BLANCHISSAGE, REPASSAGE

Pour le blanchissage, jusqu'à ces derniers temps, les sœurs le faisaient à leurs frais, fournissant le savon et payant les laveuses. Depuis deux ans, l'administration a voulu que tout le linge fût blanchi en dehors de l'hôpital, celui des sœurs comme l'autre.

Les sœurs ont proposé de payer leur part de cette dépense; on ne l'a pas voulu; mais il est évident que du jour où l'administration le voudra, elle supprimera cette gracieuseté.

M. Treich compte, pour le blanchissage des sœurs, 1,000 francs. C'est une erreur. Il y comprend sans doute celui des aumôniers, celui de l'adjoint de l'économe et celui de la sacristie. Le blanchissage des sœurs ne monte annuellement qu'à 800 francs.

Pour le repassage, M. Treich compte que celui des Sœurs exige le travail de trois ouvrières, revenant environ chacune à 350 francs, soit 1,050 francs. **C'est faux.** Il n'y a réellement qu'une repasseuse. On lui donne 6 francs par mois. Les trois autres qui lui sont adjointes sont des femmes âgées, hospitalisées, qui reçoivent pour gratification mensuelle 4 fr. 50, 3 francs et 1 fr. 50.

M. Treich se trompe en disant qu'aucun linge de l'hôpital n'est repassé. En réalité, on repasse *avec empois* les bonnets des femmes et des petites filles, les chemises des petits garçons et de quelques employés; *sans empois*, les sarraux des médecins, etc. (environ 100 par semaine), les rideaux des fenêtres et des lits, les cravates des vieillards.

Le repassage du linge des sœurs ne prend pas à une repasseuse plus de 3 jours par semaine, soit 156 jours par an, à 1 fr. 10 par jour, ce qui fait 171 fr. 60 au lieu de 1,050 francs par an.

M. Treich compte 300 francs pour frais de feu, d'amidon, fers et autres accessoires. **C'est une erreur.**

On brûle par semaine 30 kil. de charbon, ce qui fait 1560 kil. par an. A 28 francs les 1,000 kil = 43 fr. 68.

On emploie par semaine 300 gr. d'amidon, soit 15 kil. 600 par an. A 0 fr. 60 le kil. = 9 fr. 36.

Les fers sont payés par les sœurs.

Au total, 54 fr. 04 par an et non pas 300 francs.

Dix sœurs couchent à l'hôpital, soit 300 francs par an pour les frais de lumière, draps, serviettes, couvertures. Ce chiffre ne semble pas exagéré et la dépense est assez naturelle. Si les sœurs couchent à l'hôpital, c'est pour être plus promptement à la disposition des malades. L'administration leur fournit de quoi se coucher comme elle leur donne, dans les salles, une chaise pour s'asseoir.

Il leur faut souvent de la lumière pour se lever la nuit quand l'état des malades le demande. Si M. Treich était venu à l'hôpital dans la nuit du 21 au 22 février, il aurait trouvé quatre sœurs debout : l'une près d'une malade de la salle Sainte-Elisabeth, une autre près d'une opérée de la salle Sainte-Cécile, la troisième pour un enfant de la crèche, la quatrième au chevet d'un vieillard mourant. Ce n'est pas là un fait isolé.

TABLIERS NOIRS ET BLANCS. — MANCHES BLEUES.

« Les sœurs sont fournies de tabliers noirs et blancs, dit M. Treich. » Pas toutes les sœurs; mais seulement celles qui travaillent à l'hôpital. M. Treich compte 125 francs pour cette dépense de 50 tabliers par an à 2 fr. 20 l'un. En bonne arithmétique, cela ferait 110 francs au lieu de 125 francs. Mais c'est **faux.**

Pendant l'année 1896, on a dépensé pour faire 26 tabliers (et non pas 50), la somme de 57 fr. 20 et non pas 125, ni 110.

Pour faire ces tabliers, il a fallu à peine 3 journées à 1 franc, soit 3 francs: on a dépensé en liens et fil 4 fr. 50, soit au total, pour les tabliers noirs, 59 fr. 50 et non pas 125 francs, comme dit M. Treich.

NOUVELLES ERREURS

M. Treich n'est pas plus heureux avec les tabliers blancs. « Il faut ajouter, dit-il, au compte de M. Maine, pour 122 tabliers salis par 30 sœurs et par semaine, soit 15,000 par an, à 1 fr. 75 le cent, 163 fr. 50. »

En bonne arithmétique, 15,000 tabliers à 1 fr. 75 le cent coûteraient 262 fr. 50 et non pas 163 fr. 50. Mais passons.

Ensuite M. Treich est au-dessous de la vérité en comptant le blanchissage des tabliers à 1 fr. 75 le cent; c'est 5 francs qu'il faudrait dire. Mais M. le rapporteur prend sa revanche pour le nombre des tabliers à blanchir. Il en compte 122 par semaine pour 30 sœurs (ce serait un peu plus de 4 par semaine pour une sœur). Mais 122 tabliers par semaine feraient en un an 6,344 tabliers et non pas 15,000. Comment M. Treich a-t-il pu trouver ces 15,000 tabliers? Encore une erreur d'arithmétique!

M. Treich avait probablement entendu parler de 15,000 tabliers. Mais, puisqu'il se prétend si bien au courant des choses de l'hôpital, il ne devrait pas ignorer que les infirmiers civils et militaires, les cuisiniers et autres employés portent des tabliers blancs.

En réalité, on blanchit par semaine de 50 à 55 tabliers qui ont été salis par les sœurs exclusivement dans les emplois de l'hôpital, mettons 55. Cela fait, par an, 2,860 et non pas 15,000, ni même 6,344. Ces 2,860 tabliers, à 5 francs le cent, coûtent 143 francs et non pas 163 fr. 50 comme disait M. Treich.

M. Treich ajoutait, pour la toile des tabliers, 170 francs. L'argent, comme on dit, ne lui coûte rien. Encore une **erreur**. Voici la vérité : on remplace à peine 20 tabliers par an; il faut, pour un tablier, 1m50 d'étoffe à 1 fr. 25 le mètre, soit 40 francs au plus et non pas 170 francs.

Enfin, pour l'étoffe des manches bleues, M. Treich est d'une générosité admirable. Il porte à son budget cette dépense au chiffre de 50 francs par an. Hélas, M. Treich, vous achevez votre compte (ou plutôt conte), par une **erreur** encore plus forte que les précédentes. De ces fameuses manches bleues, il faut à peine 10 paires par an. Pour une paire, on emploie 0m40 d'étoffe à 1 fr. 30 le mètre, soit une somme de 6 francs au plus.

Récapitulons le compte exact des dépenses occasionnées à l'hôpital par les sœurs :

Pharmacie	400 »
Blanchissage (année moyenne)	800 »
Repassage	171 60
Frais de feu, amidon, etc.	54 04
A reporter	1,425 64

Report..................	1,425 64
Literie des 10 sœurs qui couchent à l'hôpital..........	300 »
Tabliers noirs (étoffe, etc.)......................	57 20
Blanchissage des tabliers blancs	143 »
Toile des tabliers blancs.........................	40 »
Manches bleues.	6 »
	1.971 84

Soit *au maximum* **1,971 fr. 84** et non pas **5,158 fr. 50,** comme le prétendait M. Treich.

Comme les Sœurs sont au nombre de 32, la dépense de **chacune** est, au maximum, **soixante-un francs soixante-cinq centimes,** et en grande partie pour leur service à l'hôpital même.

Elles ne coûtent rien, les Sœurs ! s'écrie le *Rappel* avec une ironie amère. En effet, un peu plus de cent sous par mois, environ trois sous par jour pour passer sa vie dans un hôpital, c'est rudement cher !

Et veuillez remarquer qu'elles n'ont pas demandé ces petites faveurs, dont la plupart ne leur sont pas personnelles et ne leur sont faites qu'à l'occasion de leurs fonctions. L'administration ne prétend point les rémunérer par ces attentions qui sont plutôt un hommage courtois à leur dévouement.

Aussi M. Treich force-t-il généreusement ses chiffres pour leur donner plus d'éloquence. Et encore voyez sa grandeur d'âme : il n'a pas voulu compter la taxe du pavé, le savon et l'eau avec lesquels les sœurs se lavent les mains après les pansements, les essuie-mains dont elles se servent, l'air qu'elles respirent dans les salles...

Ce que les sœurs de Saint-Alexis ont donné à l'hôpital — Quelques chiffres

Pour être juste, il faudrait défalquer de la somme dépensée par l'hôpital pour les sœurs les diverses sommes dépensées par les sœurs pour l'hôpital.

Sans parler d'Anne Descordes de Gry, d'Hélène Mercier qui avaient contribué par leur fortune personnelle à la fondation de l'hôpital, et ne comptant que ces cent dernières années, nous trouvons :

En 1783, sœur Saint-Denis Disnematin de Salles, donne 500 livres.

« Le 23 septembre 1814, la supérieure des sœurs de Saint-Alexis représentait à la commission de l'hôpital que la salle Saint-Louis donnant sur les deux cours et occupée par une partie des femmes avait besoin d'un plancher et d'un renouvellement de lits dont le bois et les couvertures sont usées, et elle a fait remarquer qu'elle avait des fonds suffisants pour la majeure partie de cette dépense, provenant de divers dons qu'elle destine à cet usage.

» La commission profite de cette circonstance pour donner de justes éloges au zèle infatigable de cette supérieure qui, dans la même année, a fait renouveler à neuf la salle des enfants située sous la salle Saint-Louis. »

En 1822 et 1823, sœur Rosalie Rousset dépensait 400 francs pour faire des réparations à la salle Saint-Pierre.

En 1824, sœur Justine Foussette donnait, pour diverses réparations, 600 francs.

La même année, sœur Saint-François d'Albiac, pour achat de linge, 1,000 francs.

En 1825, sœur Victoire Mazaud, pour diverses réparations, 112 fr.

En 1826, sœur Saint-Alexis Seignat, pour achat de grains, 800 francs.

En 1840, sœur Pauline Gilbert, pour construction, 2.450 francs.

En 1847, sœur Saint-Martin Rullier, pour réparations, 4.000 francs.

En 1863, sœur Saint-Martin, pour achat de livres, 100 francs.

Je ne parle pas de la fondation de Nazareth ni des sommes données pour la chapelle et qui ne sont pas directement utiles aux malades. Il est bon cependant de noter que si les sœurs n'avaient pas payé ces dépenses, elles auraient été faites, du moins en partie, aux frais de l'administration. C'est donc au moins une économie pour l'hôpital.

Il y a deux ans, quand la rue de la Croix-Verte fut désaffectée, pour le service de l'hôpital, les sœurs de Saint-Alexis durent renoncer à louer la petite maison qu'elles possèdent au nº 19. C'était un revenu annuel de 300 francs qu'elles ont sacrifié volontiers, sans recevoir aucune indemnité.

Evidemment, ces générosités des sœurs pour l'œuvre à laquelle elles ont consacré leur vie, sont toutes naturelles; mais il serait naturel aussi qu'un administrateur de l'hôpital sût reconnaître les services rendus à cet établissement.

Ce que coûterait la laïcisation

M. Treich commence ce chapitre par un éloge mérité des infirmiers et des infirmières de l'hôpital. Nul n'a jamais contesté le dévouement et la compétence des employés de l'hôpital, sauf M. Treich qui a attaqué sans raison les ouvrières de la lingerie « où du linge, dit-il, se pourrit dans des coins de la salle, parce qu'on ne peut le racommoder. » (*Rappel du Centre* du 20 décembre 1896).

On lui a répondu que le fait est inexact, que le linge est fort bien tenu et le travail de la lingerie très considérable. Les employées de ce service, qui gagnent 3 ou 4 fr. par mois et dont beaucoup sont très souffrantes, ont à visiter, plier, raccommoder chaque semaine 1,400 draps, 1,000 chemises, 1,500 serviettes et torchons, 200 paires de bas, 200 camisoles, 100 sarraux, 300 tabliers pour infirmiers et infirmières, 400 taies d'oreillers, sans compter le petit linge.

Mais le travail se fait et aucun linge ne se « pourrit ». Que M. Treich consulte, par contre, les médecins des hôpitaux laïcisés pour savoir de quelle façon le linge y est tenu. On lui dira qu'il l'est très mal.

Après cet exorde, M. Treich arrive à développer les « voies et moyens » de son projet.

D'abord les écoles de Paris sont toutes disposées à nous envoyer des surveillantes « choisies parmi les plus dévouées du personnel parisien. » Vous comprenez : s'il y a des sujets un peu obtus et paresseux, les grands hôpitaux de Paris et les premiers praticiens du monde les garderont pour eux, tandis qu'ils enverront à Limoges, pour les beaux yeux de M. Treich, le dessus du panier. Candeur, va !

Et encore, ces surveillantes, ajoute le rapporteur, seront « fournies à un prix relativement bon marché ». Nous verrons tout à l'heure ce prix.

« Enfin, si nous laïcisons, nous aussi nous aurons le plaisir, comme à Paris, d'avoir des infirmiers et infirmières diplômés. »

Pour un plaisir, c'est un plaisir et nul doute que les malades ne ressentent une joie considérable à la pensée de se voir présenter le bassin par un bachelier ou le bol de tisane par un « brevet supérieur ».

Mon Dieu, Monsieur Treich,

> Je vis de bonne soupe et non de beau langage.

Savez-vous ce que prouvent ces brevets et diplômes qui viennent échouer à l'hôpital? tout simplement qu'il y a un nombre trop grand, hélas! de jeunes filles instruites qui ne trouvent pas d'emploi — et qui prennent, faute de mieux, celui d'infirmières. Ce n'est pas une garantie de vocation sérieuse ni d'aptitude au soin des malades.

Ainsi recrutées, vos surveillantes devraient faire merveille. C'est vous qui le dites. Elles ne passeront pas vraisemblablement beaucoup de temps à dire des prières, mais cela ne veut pas dire qu'elles seront plus assidues auprès des malades. Nous avons déjà justifié les sœurs de votre accusation très fausse et donné l'emploi de leur journée.

Voyons maintenant le personnel que vous demandez. Dix surveillantes suffiraient, à votre avis.

Nous nous permettons d'en douter.

Tels services que vous mettez ensemble, comme la lingerie et la confection des matelas, doivent être forcément séparés, sous peine d'être mal remplis.

Vous estimez, Monsieur, que vos surveillantes laïques, brevetées, diplômées, intelligentes, dévouées et bon marché — comme les articles de Paris — vous coûteraient 12.000 francs par an au maximum. C'est déjà un beau denier qu'on pourrait employer plus utilement, par exemple à donner de l'ouvrage aux ouvriers sans travail. Mais ce chiffre serait certainement dépassé de beaucoup.

Il vous faudrait à la cuisine un chef à 1,200 francs par an; à la pharmacie, 4 internes à 600 francs, soit 2,400 francs; 13 surveillantes au moins, à 600 francs = 7,800 francs; la nourriture et l'entretien de ces 18 personnes, à 600 francs au moins = 10,800 francs. Ce serait déjà 22,200 francs, sans compter le reste.

A l'hôpital du Havre que M. Treich cite comme modèle — Le syndicat d'infirmiers et infirmières

Vous nous citez comme un exemple le nouvel hôpital du Havre.

Cet hôpital laïque ne compte que 300 lits. Et savez-vous à combien se monte le traitement des surveillantes et sous-surveillantes laïques? A 15.388 fr. 59. Il faut y ajouter pour leur vestiaire

1.675 fr. 84; soit un total de 17.061 fr. 43 centimes (compte officiel de 1894). Et ces surveillantes sont logées, éclairées, nourries et chauffées.

Notez que l'hôpital de Limoges a environ 800 lits au lieu de 300 et jugez un peu la somme qu'il vous faudrait pour payer des surveillantes laïques.

Autre observation. Le syndicat des infirmiers et infirmières, fondé il y a bientôt 7 ans, désorganisé par suite de la fermeture de la Bourse du travail, vient de se reconstituer. Son premier mouvement a été de solliciter une augmentation de salaire. Ils demandent le relèvement des appointements à 2.400 francs comme maximum et 1.500 francs comme minimum, et cela sans préjudice des allocations de viande, des indemnités de logement et le reste.

Les économies de M. Treich — Les aumôniers — Ce que M. Treich appelle réaliser des bénéfices.

« Nous avons aussi, poursuit M. Treich, d'autres économies à réaliser. En premier lieu, nous pouvons citer un aumônier. »

Évidemment le ministère que remplissent les aumôniers importe peu à M. le rapporteur.

— Cependant, monsieur Treich, il y a des gens qui tiennent à se confesser avant de mourir, comme votre ami Sautumier. Est-ce que les malades riches auront seuls ce privilège ? On croit encore, communément, que les pauvres aussi ont une âme ; à moins que M. le docteur Raymond...

— Je ne veux rien savoir... D'ailleurs ils sont trop souvent dans les salles.

— Les malades alités ne pouvant aller à la chapelle, force est bien aux aumôniers de venir à leur chevet. Ces messieurs, d'ailleurs, sont discrets et ne gênent aucun service. Ils ont même pour l'antisepsie un respect... Puis, ne craindriez-vous pas pour vous le même reproche de circuler dans les salles, bien plus qu'eux, et sans une évidente nécessité ?

— Je ne veux rien savoir. Mais s'ils tiennent à voir les malades, ils n'ont pas besoin de traitement pour cela.

— En effet, Monsieur, s'ils étaient fils de millionnaires. Mais, par malheur, ce sont, comme la plupart des prêtres, des enfants du peuple. D'autre part, les préjugés réactionnaires leur interdisent de cumuler avec leurs fonctions d'aumôniers quelque emploi rémunérateur. Ils ne peuvent pas tenir la moindre buvette ; ils ne sauraient accepter le plus humble secrétariat de la Bourse de travail ou des syndicats ouvriers...

— C'est leur affaire. Mais, en tous cas, je ne vois pas pourquoi il y aurait deux aumôniers quand il n'y a qu'un hôpital.

— Un seul aumônier assurerait difficilement le service. Puis, nous avons des fondations. La plupart des bienfaiteurs ont mis pour conditions à leurs largesses qu'on célébrerait des messes à perpétuité pour le repos de leur âme.

— Oh ! pour le coup, je ne veux rien savoir. Est-ce qu'un aumônier un peu actif ne pourrait pas dire plusieurs messes à la fois ?

— Mon Dieu, Monsieur, je vous ferai remarquer respectueusement que, malgré vos capacités peu ordinaires, les questions religieuses ont peut-être encore quelques secrets pour vous. Très probablement vous connaissez mieux les spiritueux que le spirituel...

— Ça m'est égal, j'ai de hautes relations. Je me charge bien de trouver un évêque pour changer tout cela.

Le bruit a couru un moment que M. Treich allait partir pour Rome. Doutant un peu de la complaisance des évêques, il aurait l'intention d'en appeler au pape et se croirait certain d'obtenir pour un seul aumônier la faculté de dire à la fois un nombre incalculable de messes. Il s'offrirait même à les servir.

— Vous plaisantez à tort, Monsieur Treich, sur les messes et vous faites tort à l'hôpital dont vous devriez au contraire servir les intérêts.

Il se trouve que les plus généreux bienfaiteurs de notre grand établissement charitable sont des catholiques. Beaucoup de nos familles limousines laissent des sommes importantes pour les malades que soignent les sœurs de Saint-Alexis. Cela vaut mieux, sans vouloir médire des cafetiers, que de dépenser son argent au café. Seulement ces gens-là, quoique administrés de M. Labussière, ont encore la fatuité de se croire supérieurs aux animaux et de demander des prières pour le repos de leur âme.

Vous pouvez trouver cela puéril (on ne dispute pas des goûts) ; mais c'est un fait. Supprimez les sœurs et les aumôniers, adieu les legs et les donations.

Ainsi d'une part vous augmenteriez considérablement la dépense ;

de l'autre vous diminueriez considérablement les ressources. Singulière manière de « réaliser des bénéfices » !

Ce serait pour l'hôpital la ruine à bref délai.

Et l'Hôpital militaire ?

Pardon, Monsieur Treich, un renseignement, s'il vous plaît. Vous nous parlez avec une superbe assurance de vos projets de laïcisation. Mais l'hôpital de Limoges est un hôpital mixte ; il a un service civil et un service militaire.

Vous êtes-vous enquis des dispositions de l'autorité compétente ? Croyez-vous qu'elle accepte volontiers la substitution des infirmières laïques aux religieuses dont elle a souvent loué les services dévoués ? Il serait fort imprudent à vous de le présumer, car vous pourriez avoir une pénible déception.

LES HOPITAUX LAÏCISÉS

Les résultats de la laïcisation — Au Havre
La « Nouvelle »

M. Treich conclut son rapport en s'efforçant de réfuter « l'objection répandue par les journaux adversaires de la laïcisation — que cette réforme n'a pas donné de bons résultats. »

Parlons donc des résultats de la laïcisation.

M. Treich nous cite comme des modèles les hôpitaux du Havre et d'Auxerre. Hélas! il a bien mal choisi ses exemples.

L'hôpital du Havre n'a pas été laïcisé. C'est un nouvel hôpital, construit il y a dix ans. Il est desservi par un personnel laïque et compte 300 lits. L'ancien hôpital de 1,200 lits a conservé les religieuses. C'est la solution que nous proposions à M. Treich. L'hôpital fondé par les catholiques demeurerait catholique. Il fonderait, lui, le « Laïc-Treich-Hôpital ». Les malades choisiraient entre les deux, comme au Havre.

Or, savez-vous ce que disent les pauvres gens du Hâvre?

Malgré les magnifiques installations du nouvel hôpital (qui a coûté 2 ou 3 millions), ils préfèrent toujours celui des bonnes sœurs.

« Nous ne voulons pas mourir à « la Nouvelle. »

Ils ont trouvé ce jeu de mot pour dire leur sentiment. Les travaux forcés et l'hôpital laïque leur semblent également redoutables.

La mort d'un vieillard au nouvel hôpital laïque du Havre, d'après un journal radical

Ces craintes sont-elles exagérées ?

On pourrait croire que non, à en juger par ce récit que nous fait un journal radical et anticlérical, l'*Indépendance Havraise,* du mercredi 22 janvier 1896 :

« Un vieillard, entré récemment au nouvel hôpital, était atteint d'une infirmité dont la description est un peu délicate pour la plume. Bornons-nous à dire que ce malheureux était dans un état voisin du gâtisme, salissant, la nuit, les draps de son lit.

» Or, le matin venu, l'infirmier ou l'infirmière de service aurait poussé la brutalité jusqu'à mettre le visage du malade dans ses déjections.

» Mais ce n'est pas tout. A quelques jours de là, ordre ayant été donné à deux malades de s'emparer du vieillard pour le conduire à la salle des bains afin de lui faire prendre un bain de propreté, un incident grave se produisit.

» Au milieu de la cour, le pauvre vieux s'affala tout à coup sur le pavé, sans connaissance. On courut prévenir les infirmiers qui ne se hâtèrent point et laissèrent le vieillard dans cette situation critique pendant un bon quart d'heure.

» Ces faits se produisaient vendredi dernier, vers onze heures du matin. A 6 h. 1/2, le même jour, le vieillard succombait. »

Plairait-il aux Limousins de voir ainsi traiter leurs vieillards ?

A l'hôpital d'Auxerre

Le président de la commission administrative d'Auxerre écrit à M. Treich « que la laïcisation a donné d'excellents résultats et que le personnel laïque a toujours fonctionné et fonctionne encore dans d'excellentes conditions... »

M. l'administrateur trouve que tout est pour le mieux dans le meilleur des hôpitaux. Il n'est pas difficile. Nous avons fait, nous aussi, notre petite enquête, et voici ce que nous répond un publiciste distingué qui va faire paraître bientôt un travail sur ce sujet :

« Notre hôpital est laïcisé depuis une quinzaine d'années. Les résultats ont été déplorables, mais ne sont pas malheureusement assez connus du public. Ils peuvent se résumer ainsi : médiocrité et immoralité (plusieurs fois constatée) du personnel, gaspillage, malades et pauvres souvent mal soignés et surtout mal nourris. Les infirmières sérieuses ne peuvent y rester. On les oblige à partir, soit de force, soit par suite de taquineries ou de vexations.

» Pas d'années ou peu d'années sans scandale. Il y a quelque temps, un employé était pris en flagrant délit. A l'heure actuelle, une infirmière laïque est gravement compromise. »

Si c'est là ce qu'on nous promet pour l'hôpital de Limoges, merci.

Comment un chirurgien libre-penseur apprécie la laïcisation des hôpitaux — Quatre morts par imprudence — Au Sénégal — Contagion — Indemnités — Respect des morts.

Voici quelques idées extraites des discours ou des écrits du docteur Desprès, qui a été trente ans chirurgien des hôpitaux de Paris. Il n'est pas suspect de cléricalisme, puisqu'il se dit libre-penseur et il traite seulement la question au point de vue financier et hospitalier :

« Quand vous serez malade, prenez, pour les principes, une laïque, mais si le cognac s'évapore dans vos armoires, si votre linge est décomplété, vous savez bien sur qui porteront vos soupçons.

» Le gouvernement sincèrement républicain de notre pays qui, dans ses prisons et ses hôpitaux militaires, conserve les religieuses qui assurent un service propre, honnête et à bon marché, ne peut avoir un autre poids et une autre mesure pour les hôpitaux civils. Les religieuses distribuent la nourriture aux malades, elles leur administrent les prescriptions dangereuses; elles nettoient et changent les grands malades et les pansent quelquefois; enfin, elles ensevelissent les morts et empêchent ainsi les mauvais infirmiers de dépouiller les moribonds.

» Les surveillantes et infirmières laïques substituées aux religieuses ont déjà, en dix-huit mois, quatre morts par imprudence à leur charge : une malade étouffée dans un bain; trois empoisonnements par lavement d'acide phénique, un à l'hôpital Tenon, un à l'hôpital Laënnec et un l'an passé à l'hôpital Cochin.

» Il est impossible que nous soyons réduits à voir le riche, seul, libre de se donner une bonne garde-malade, c'est-à-dire une religieuse, et le pauvre contraint de subir dans les hôpitaux des soins mercenaires, insuffisants, pour l'unique satisfaction de quelques politiciens. (Cela semble écrit pour M. le Dr Raymond).

» Essayez d'envoyer des laïques dans l'hôpital de la marine au Sénégal, où règne la fièvre jaune, vous en trouverez deux ou trois. Le dévouement ne manque pas aux laïques, mais vous savez bien que vous n'aurez de service assuré qu'avec des sœurs.

» **Les pays non catholiques possèdent des religieuses catholiques pour desservir leurs hôpitaux**. A Amsterdam, en Hollande, pays protestant, il en est ainsi.

» A Constantinople, dans toute la Turquie, les hôpitaux publics sont desservis par des religieuses catholiques. Les pays protestants même ont reconnu que les malades n'étaient bien soignés que par des personnes vouées au célibat, et ils ont institué des diaconesses, c'est-à-dire des religieuses, moins le chapelet et le crucifix.

» Une surveillante laïque, nous le savons depuis des années, a des attaches en dehors de l'hôpital; elle a sa famille et bien souvent elle est obligée de quitter les malades lorsque sa présence serait nécessaire.

» Nous avons des salles réservées aux maladies contagieuses, la rougeole, le croup, la variole; **pouvons-nous y mettre une mère de famille qui portera peut-être le mal à son mari et à son enfant?** Et puis l'administration ne sera-t-elle pas obligée, si la surveillante succombe à la maladie contagieuse, de donner une indemnité, des dommages-intérêts à sa famille? Avec la religieuse, vous n'avez rien de tout cela à craindre : si elle prend le mal contagieux, elle s'y attendait; elle meurt, on la remplace par une autre et tout est dit.

» **Dans les hôpitaux desservis par les religieuses, un malade ne meurt jamais seul** ! la religion de la sœur lui commande de dire au pied du lit du moribond la prière des agonisants; alors, quand le malade a rendu le dernier soupir, la sœur lui ferme les yeux et l'ensevelit. Tout ce qui se trouve sous l'oreiller du malade est recueilli et remis fidèlement au directeur de l'hôpital pour en faire l'usage que prescrivent les règlements.

Ceci me touche, car j'ai vu, sur le champ de bataille, les poches des morts retournées, et si j'en ai conservé le plus pénible des souvenirs, de combien n'est-il pas plus odieux de voir dépouiller le malade d'hôpital ? »

Un hôpital laïcisé — Désordre — Coulage

« La laïcisation de l'hôpital de la Charité, écrivait M. le Dr Després au directeur de l'Assistance publique, a été effectuée le 23 janvier dernier, et il nous a été donné d'en vérifier par nous-mêmes les très réels inconvénients, que nous avions trop prévus. Sans insister sur les défauts connus du nouveau personnel, inexactitude, manque d'ordre et de propreté, absence presque continuelle des salles, excepté aux heures de visites, désordre du linge et des instruments de chirurgie, il me suffira de dire que, sur cinq surveillantes laïques qui m'ont été successivement données en moins de trois mois, deux ont dû être déplacées à la suite de défauts d'attention qui ont coûté la vie à deux malades, que j'ai dû me contenter enfin d'anciennes infirmières dressées par les sœurs et qui, au moins, savaient retourner, nettoyer et couvrir un malade.

» **Quant à la dépense et au coulage ils n'ont plus de bornes.** Là où il y avait jadis une sœur, on a placé deux infirmières laïques. Dans un de nos services même, on en a ajouté une troisième, et cela n'a pas encore suffi. Ces trois dames ont déclaré qu'elles avaient trop de travail et ont obtenu du directeur de l'hôpital qu'on leur adjoignît une **quatrième** infirmière laïque. Voilà comment, à la « Charité », on a remplacé **une** *sœur !*

La mortalité — Absences des surveillants laïques

« Dans mon service, du temps des sœurs, dit le Dr Després, la mortalité était de 1 pour 100. Depuis qu'il y a des laïques, elle est de 5 pour 100. Pourquoi ? Parce que les sœurs ne quittaient jamais l'hôpital, parce qu'elles accouraient au premier appel des malades, parce qu'elles n'accomplissaient pas une profession, mais un devoir. **Les laïques,** au contraire, **sont, pour la plupart,** « **le**

rebut de la domesticité. » Mes collègues de l'Hôtel de Ville prétendent qu'elles font bien leur service ; ils racontent qu'ils les trouvent dans les hôpitaux chaque fois qu'ils y vont. C'est la vérité, qui n'a rien d'extraordinaire. La visite des conseillers est toujours signalée. Alors, à leur approche, on a fait balai neuf. Mais je sais bien « qu'on les met dedans », moi qui ne me contente pas d'aller à la Charité aux heures règlementaires et qui me fais un devoir d'y tomber comme une bombe dès que j'ai un moment, à sept heures du matin ou à minuit (1).

M. le Dr Desprès cite encore ce mot d'un de ses confrères :

« Tout se paie maintenant dans les hôpitaux, disait un grand praticien de Paris. C'est deux sous pour chaque verre de tisane, cinq sous pour être mouché, cinquante centimes pour être aidé à changer de linge. Si cela continue, il faudra être très riche pour aller à l'hôpital. »

De l'*Intransigeant* (sept. 1887) :

« Les infirmiers et les infirmières sont féroces sur la question du *pourboire*. Quand les malades ne sont pas indigents, quand ils ont quelque chose, *on ne leur accorde rien pour rien ;* quand un poitrinaire veut voir une dernière fois le soleil avant de mourir, il doit, pour qu'on veuille bien le mener jusqu'à la fenêtre, cracher ses rouges liards avec ce qui lui reste de sang.

» Une dame V..., nous racontait la mort de sa mère sous cet effrayant *régime du pourboire :* « Ma pauvre mère a souffert le martyre. Les garde-malades ne la trouvaient pas assez riche.
» Quand je me plaignais, on me répondait : « Mettez une garde de
» plus ». (Trois francs par jour !)
» Ma mère avait besoin d'être soulevée et retournée ; elle était
» enflée de tout le corps... Une femme, certainement, ne pouvait
» pas la soulever toute seule, mais les infirmiers étaient là.
» Eh bien ! pour qu'on consentît à se déranger, il fallait donner
» *25 centimes.* Pour n'importe quel service, ma pauvre mère devait
» donner la même somme. »

---

(1) Dans le *Siècle* du 13 septembre, M. Desprès a précisé. Quatre fois en cinq mois, il est allé faire des opérations urgentes dans les salles, en dehors des heures de service. Les infirmières laïques étaient absentes. Le docteur a, une fois, été obligé de faire le lit d'un malade avec un de ses internes.

» Ainsi, le malade étouffe et demande un verre d'eau? *25 centimes!* Il a besoin d'air? *25 centimes!* Les infirmiers l'entendent bien gémir, les infirmières voient bien la face du malheureux se couvrir de sueur, se dilater, ses lèvres pâlir, mais les premiers comme les secondes ne cessent d'être sourds et ne commencent à ne plus être aveugles qu'*au bruit de cinq sous* sur la table de la nuit ou à quelque signe équivalent. *Et on fait ainsi danser le moribond!* »

Incurie — Brutalité — La vie des malades en danger

Dès 1883, on voyait comparaître à la 9e chambre correctionnelle du tribunal de la Seine, Mlle Thouvenat, infirmière à l'hôpital Tenon, puis à l'hôpital Saint-Louis, qui passait ses nuits chez les mastroquets au lieu d'être auprès des malades.

En 1886, le tribunal correctionnel de la Seine condamnait à six mois de prison Bourré, infirmier à l'hôpital Beaujon, pour avoir enfermé pendant une nuit, dans le trou à charbon, un paralytique, lequel en était mort.

Voici quelques traits relevés par le journal peu clérical le *Cri du Peuple* du 3 septembre 1886, sous la signature du citoyen Grandet :

» A l'hôpital Cochin, une surveillante va jusqu'à refuser les remèdes prescrits aux malades dont elle croit avoir à se plaindre.

» Rue des Tournelles, à l'hôpital Andral, les surveillantes sont impolies et brutales; elles menacent de renvoi les malades qui se plaignent.

» Nous recevons également des plaintes sur les garçons et les filles de salle de l'hôpital Laënnec. Il y a quelques jours, un de ces garçons se laissa emporter, au cours d'une discussion, jusqu'à frapper un malade. Celui-ci, étant allé se plaindre au directeur, reçut cette réponse stupéfiante : « Allez, vous êtes bien content de manger le pain de l'Assistance publique ».

» Un homme a été renvoyé tout récemment de l'hôpital du Midi pour avoir cassé une cruche et parce qu'il n'avait pas d'argent. On a eu le cynisme de lui retirer son bandage avant de le congédier, non guéri, cela va sans dire. »

Le 12 mars 1886, le docteur Desprès signalait au conseil municipal de Paris le fait suivant : il avait ordonné à une malade, sur le point d'être guérie, un purgatif. L'infirmière se trompa et au lieu de purgatif, donna du sel d'oseille à la malade qui en mourut.

« A la suite d'une répugnante scène de violence provoquée par un infirmier, qui voulait, étant un peu gris, s'emparer du vin de Banyuls d'un malade, la 11e chambre correctionnelle prononçait contre l'infirmier la peine de deux mois de prison pour coups et blessures. A noter qu'au cours de la scène qui avait duré, à deux reprises, plus d'une demi-heure, aucune surveillante n'était intervenue, aucune n'étant à son poste, très probablement.

» A l'hôpital Laënnec, un enfant de deux mois était victime d'un empoisonnement causé par l'erreur d'une infirmière qui s'était trompée de médicament. Le jugement du tribunal constatait que l'organisation du service des médicaments administré par les infirmières était des plus défectueuses et qu'aucune étiquette ni indication ne distinguait les substances médicamenteuses les unes des autres.

» A Saint-Antoine un malade était également empoisonné. A Tenon, un nouveau-né était, par mégarde, déposé sur un poêle rouge où il mourait brûlé. Les exemples de ce genre sont innombrables.

(F. Bournand, *Les Sœurs des hôpitaux*, pp. 234-236.)

Aux Enfants-Assistés — Une plate-forme électorale

Puis, passant en revue les hôpitaux où les infirmières laïques ont été substituées aux religieuses, le docteur Desprès conclut en ces termes qui nous promettent encore de piquantes révélations :

« Entrons aux Enfants-Assistés. **Là, depuis le remplacement des sœurs par des laïques, la mortalité a quintuplé.** C'est que les nouveau-nés, — surtout ceux qui sont entassés là, — exigent des soins incessants et que les sœurs, ces dignes vierges, sont des mères exquises.

« Tout le monde d'ailleurs sait cela, même ceux qui me combattent au Conseil municipal. Par malheur, *cette question de laïcisation a été pour la plupart de mes collègues une plate-forme électorale.* J'entends encore ce mot que me disait M. Pichon quand il était conseiller municipal : « Vous avez absolument raison, mais que voulez-vous ! *nous ne pouvons, nous autres radicaux, lâcher la question de la laïcisation, parce qu'alors les opportunistes la prendraient.* »

Oui, le renvoi des sœurs, la santé de nos pauvres malades, pure affaire de politique !

Avant et après la laïcisation

« J'étais il y a quelques mois à l'Hôtel-Dieu, disait un externe de l'hôpital Saint-Antoine que cite M. Paul Schwitz *(Sœurs et laïques dans les hôpitaux)*. Nous avions des sœurs autour de nous. Je vous assure que tout allait bien. L'interne, faisant sa visite à l'heure, ne passait pas un lit. Nous faisions régulièrement les pansements et autres travaux demandant une main déjà exercée. Les sœurs nous aidaient souvent, de sorte que le travail facile était seul abandonné aux mains du personnel secondaire. La présence des sœurs nous forçait à rester sérieux ; cela ne nous plaisait pas toujours, mais tout le monde s'en trouvait bien, les malades surtout.

» A Saint-Antoine, où je suis à présent, ce n'est plus la même chose. Dès les premiers jours, je m'aperçus que chacun en faisait le moins possible, l'interne se reposant sur les externes, et ceux-ci laissant presque tout à faire à l'infirmière qui, elle, s'en remettait au garçon de salle. Au bout du compte, la moitié seulement des prescriptions étaient exécutée convenablement. J'ai bien été un peu choqué, au commencement, de cet état de choses ; mais, pour être sincère, je ne suis pas resté meilleur que les autres, et je n'ai pas, certes, à m'en vanter. »

Pourquoi les sœurs sont plus dévouées que des laïques

« La permanence dans la charité et le dévouement ne vont pas sans une idée religieuse. *La « servante des pauvres » qui n'est pas en même temps une servante de Dieu, ne sera pas toujours une bonne servante.* Les qualités même de son cœur s'opposent à ce qu'une laïque oublie père, mère, mari, enfants, pour se donner au vieillard dégoûtant, au malade difficile, à l'enfant scrofuleux de l'hôpital. » (Henri Fouquier, *XIXe Siècle*, 9 décembre 1885.)

« Ce qui fait que la sœur d'hôpital n'est vraiment pas remplaçable, c'est qu'on trouve en elle ce qui ne se trouve vraiment nulle part ailleurs : une sorte d'être impersonnel dont les sentiments, les intérêts ne comptent en aucune façon ou se confondent absolument avec ceux de ses malades. Elle existe à peine comme femme ; à peine a-t-elle un nom qui lui appartienne ; on l'appelle uniquement *ma sœur*, et jamais il n'est question avec elle d'autre chose que des nécessités du service ou du bien de ses administrés. Aussi est-elle entourée du respect de tous.

» Pour la sœur d'hôpital, l'intérêt de l'existence se concentre tout entier dans la salle dont elle est chargée. C'est son chez-elle ; elle y jouit d'une autorité respectée. Si elle la quitte, c'est pour retrouver la règle austère du cloître. Aussi est-elle naturellement pressée et heureuse d'y revenir. Je n'ai jamais vu une sœur envoyée en congé partir sans tristesse, ni reprendre, sans être joyeuse, le tablier qu'elle avait abandonné quelque temps. (Dr Potain, *Cocarde*, 20 mars 1889.)

Et meilleures infirmières

De *Figaro*, 25 juin 1890 :

« Les filles de service sont affolées. On a besoin d'elles en dix endroits. Elles sont dans chaque hôpital en nombre insuffisant. Mais les Sœurs, dira-t-on, n'étaient pas plus nombreuses et on trouvait qu'elles suffisaient. On avait raison. Les Sœurs n'avaient point de préoccupations extérieures. Elles n'étaient qu'aux malades. Aujourd'hui les infirmières consacrent leurs heures de repos à aller voir leur mère, leur mari, leurs amis. Quand arrive celle du travail, elles sont exténuées, accablées, répondent en rechignant aux coups de sonnette, se trouvent plus malheureuses que les malades. »

« Si j'ai « péché » en mettant trop de zèle à soigner mes malades, c'était en vue, précisément, « d'empêcher » la laïcisation, voulant prouver que les religieuses sont à même, aussi bien que les laïques et **mieux** *(puisqu'elles n'ont pas les préoccupations de la famille)*, de suivre les progrès de la chirurgie et d'en faire profiter les malades.

» Isabelle-Marie HÉBRARD,

» *(Ancienne hospitalière de Saint-Alexis).* »

L'infériorité des surveillantes laïques
Comment elles se recrutent

« A l'heure actuelle, Paris comprend des hôpitaux entièrement laïcisés, comme la Pitié, la Charité, et des hôpitaux où les malades sont encore soignés par les religieuses, comme l'Hôtel-Dieu. La laïcisation **des hôpitaux de Paris a toujours eu contre elle la majorité des médecins** (auxquels on n'a pas demandé avis naturellement), et qui n'obtiendront jamais d'une infirmière laïque, **faisant un travail pour gagner un certain salaire, le dévouement absolu et l'abnégation de soi-même** indispensables au traitement de nos pauvres malades. Il faut pénétrer la vie intime d'un hôpital pour voir combien sont négligés les mille attentions et les mille détails sans lesquels les prescriptions médicales sont vaines. Les malades n'osent pas se plaindre, mais réclament du fond de leur cœur le retour des religieuses.

» L'administration parisienne a fait tous ses efforts pour choisir un personnel infirmier à l'abri de reproches. Elle n'y est pas parvenue, tant s'en faut, et n'y parviendra jamais. Voici pourquoi : Vous demandez à une femme un travail fatigant de jour et de nuit, j'ajouterai même répugnant, avec chances de contracter une maladie contagieuse grave, et l'administration lui offre une somme dérisoire de 30 francs par mois, avec une nourriture et un logement en rapport. Mais **cette même femme, placée comme domestique, trouvera un travail bien moins pénible et bien mieux rétribué.** Aussi les hôpitaux de Paris sont-ils obligés d'accepter comme infirmières un peu tout le monde, et ainsi se placent bon nombre de femmes qui n'ont pas les qualités matérielles et morales pour trouver un emploi ailleurs.

» Dr P. Lacroix,

» *Ancien interne des hôpitaux de Paris.* »

26, rue du Printemps, Paris.

CONCLUSION

En résumé,

Aucune raison sérieuse de laïciser l'hôpital.

Les meilleures raisons et les plus fondées pour le maintien des sœurs.

Elles servent nos malades depuis 250 ans.

Leurs soins sont gratuits.

Tous les médecins et chirurgiens de l'hôpital se déclarent satisfaits de leurs services.

Seul, M. le Dr Raymond, pour des raisons personnelles et mesquines, veut priver les malades pauvres des soins des religieuses..... qu'il conserve jalousement à ses malades riches.

Mlle Hébrard, directrice des crèches, a une situation honorable et rétribuée. Il est inutile de laïciser l'hôpital pour lui trouver une place.

Historiquement inexact, incompétent au point de vue hospitalier, malveillant — pour ne pas dire plus — et fantaisiste dans ses appréciations, le fameux rapport de M. Treich n'a apporté aucun argument et n'a répondu à aucune objection.

Les surveillantes laïques, préoccupées du soin de leur famille, exposées à apporter à leurs enfants des maladies contagieuses, difficiles à recruter, payées et nourries à grands frais, sont de déplorables hospitalières.

L'expérience ne l'a que trop démontré.

La laïcisation, c'est le désordre, le gaspillage, la santé et la vie des malades en danger.

Nous aimons à croire que le peuple limousin ne laissera pas accomplir cette sottise criminelle.

LIMOGES. — Imprimerie PIERRE DUMONT, 8, rue du Clocher.

Imprimerie P. Dumont
LIMOGES

www.ingramcontent.com/pod-product-compliance
Ingram Content Group UK Ltd.
Pitfield, Milton Keynes, MK11 3LW, UK
UKHW020321220726
13923UKWH00003B/1280